Ratgeber

Rund um den Diskus

Bernd Degen

Herstellung und Gestaltung: bede-Verlag
e-mail: bede-Verlag@t-online.de; Internet: http://www.bede-verlag

ISBN 3-931 792-38-2

INHALT

Das richtige Diskusaquarium 5

Das richtige Zuchtaquarium 11

Richtiger Diskuskauf 15

Geschlechtsbestimmung und Paarzusammenstellung 20

Aquarienfilterung 26

Filterung im Zuchtaquarium 31

Temperatur und Heizung 33

Aquarienbeleuchtung 38

Kohlendioxiddüngung 41

Wasseraufbereitung 43

Wasserzusätze 49

Fütterung 52

Diskuszucht 60

Diskuszucht in Asien 71

Zucht von Diskuswildfängen 74

Quarantäne 77

Krankheiten 80

Diskuswildfänge 86

Diskusfarbschläge 88

Vergesellschaftung 93

Das richtige Diskusaquarium

Diskusfische sind sehr majestätische Fische und deshalb brauchen sie auch ein entsprechend großes Aquarium. Die Größe des Diskusaquariums wird auch durch den Zweck bestimmt, für den es dienen soll. Wollen Sie zum Beispiel ein Diskusschauaquarium in Ihrem Wohnzimmer einrichten, dann ist eine Mindestgröße von 1,20 m Länge erforderlich. Richtig zufrieden werden Sie aber erst mit einem Diskusschauaquarium in einer Größenordnung von 1,5 bis 2 Meter sein. Diese Aquarien fassen bei einer Tiefe von mindestens 50 cm und einer Höhe von 60 cm etwa 450-600 Liter Wasserinhalt. Soviel Wasser darf es schon sein für Diskusfische, denn in einem solch großen Aquarium können Sie dann endlich einen kleinen Schwarm Diskusfische halten. Jedoch auch ein einzelnes Pärchen ist in Verbindung mit einigen anderen Beifischen und einer schönen Bepflanzung ein absoluter Höhepunkt in der Aquaristik. Stellen Sie sich nur einmal vor, Sie würden ein ausgewachsenes Diskuspaar zusammen mit 50 Neonfischen, einigen friedlichen Panzerwelsen und vielleicht einigen Zwergcichliden in einem schön bepflanzten Aquarium halten. Und doch auch eine Gruppe von sechs bis zehn ausgewachsenen Diskusfischen könnte ein solch großes Schauaquarium bewohnen und sicherlich würden sich diese Fische dort sehr wohlfühlen. Der Diskus ist ja ein Schwarmfisch und mag es, wenn er in einer Gruppe von sechs bis zehn Artgenossen gehalten wird. In der Regel kommt es in solchen Aquarien mit ausgewachsenen Diskusfischen auch kaum zu Streitereien.

Zu groß kann also ein Aquarium für Diskusfische nie sein, zu klein ist es aber sehr schnell. Greifen Sie aus diesem Grunde also immer zum nächstgrößeren Aquarium und schöpfen Sie Ihre Platzmöglichkeiten voll aus. Viele Aquarianer wollen sich ihre Diskusfische auch selbst aufziehen und kaufen sich dann kleinere Diskusfische. Wenn Sie sich dazu entschließen, achten Sie auch hier unbedingt darauf, einen Schwarm von Diskusfischen zusammenzusetzen. Es wäre völlig verkehrt, zwei oder drei kleine Diskusfische in einem Aquarium gemeinsam aufziehen zu wollen. Es ist in jedem Falle besser, wenn Sie mindestens acht, zehn, zwölf oder gar 15 solcher kleinen Diskusfische in einem Aquarium zusammensetzen und dann versuchen, diese gleichmäßig aufzuziehen. Ja, Sie müssen es richtig versuchen, sie gleichmäßig aufzuziehen, denn dies ist äußerst schwierig. Meist hängen einige der kleinen Fische in der Kör-

Diskusfische können selbstverständlich auch in bepflanzten und eingerichteten Aquarien gepflegt werden, jedoch ist Voraussetzung, daß alle Fische in diesem Aquarium gesund sind und vor dem Einsetzen einer Quarantäne unterzogen wurden. Foto: Aqualife Taiwan

In der Natur leben Diskusfische zwischen Wurzeln und untergetauchten Ästen mit Blättern, aber nur wenig Wasserpflanzen. Das Leben über Sandboden ist für Diskuswildfänge völlig normal.

pergröße nach und wachsen nicht richtig. Diese Kümmerlinge gehen dann auch schlechter ans Futter, leiden unter Krankheiten und fühlen sich einfach nicht wohl. So wird es also letztendlich so sein, daß Sie sich zum Beispiel von zwölf ausgewählten Fischen nur sieben, acht oder neun zu einer optimalen Größe aufziehen können. Setzen Sie auch nicht zu kleine Diskusfische in ein eingerichtetes Aquarium ein, denn die kleinen Diskusfische müssen mehrmals täglich gefüttert werden und dies ist einem bepflanzten und eingerichtetem Aquarium mit Bodengrund viel schwieriger.
Wenn Sie ein bepflanztes Aquarium ausgewählt haben, dann ist es von Vorteil, wenn die Grundfläche des Aquariums möglichst groß ist, denn nur hier lassen sich auch entsprechende Pflanzenlandschaften aufbauen. Erst in der Tiefe eines Aquariums liegt sein Reiz. Es ist deshalb günstig, wenn Sie eine Mindesttiefe von 60 cm zur Verfügung haben.
Ein Diskusschauaquarium einzurichten ist nicht ganz einfach, denn Sie müssen sich vorab schon überlegen, mit welchen Pflanzen oder Dekorationsgegenständen Sie das Aquarium ausschmücken wollen. Es empfiehlt sich, für Diskusaquarien nicht zu hohe Hintergrundpflanzen in größerer Menge einzusetzen, da die Diskusfische anfangs dazu neigen werden, sich in diesem Pflanzendickicht zu verstecken. Dies führt dann dazu, daß die Fische schreckhaft werden und es immer vorziehen, in das Pflanzendickicht zu entweichen. Die Fische müssen zuerst daran gewöhnt werden, daß sie in einem bepflanzten Aquarium leben. In ihrer Heimat leben die Disksufische sehr oft zwischen untergetauchten Bäumen mit ihrem Blattwerk und zwischen Pflanzenwurzeln. Es ist deshalb für ein Diskusschauaquarium durchaus akzeptabel und empfehlenswert, Dekorationswurzeln einzubauen. Jedoch müssen diese Wurzeln auch für ein solches Aquarium geeignet sein. Keinesfalls dürfen sie Modergerüche und Farbstoffe an das Wasser abgeben. Geeignet sind zum Beispiel sehr harte Moorkienwurzeln und sogenanntes Steinholz, welches auch nicht im Aquarium schwimmt.

Wird großer Wert auf eine Bepflanzung gelegt, so ist der Bodengrund des Aquariums entsprechend vorzubereiten. Aquarienpflanzen benötigen einen gut durchspülten Bodengrund. Die beste Durchspülung wird erreicht, durch den Einsatz einer Bodenheizung. Diese Bodenheizung wird in Form von langen Heizkabeln angeboten, die mit Hilfe von Kunststoffsaugern auf den Aquarienboden verlegt wird. Bevor Sie also Aquarienkies einbringen, verlegen Sie die Fußbodenheizung. Die Fußbodenheizung wird mittels eines Thermostatfühlers und eines Thermostatreglers auf die gewünschte Temperatur eingestellt und somit ist gewährleistet, daß durch die Heizleistung immer wieder warmes Wasser aus dem Bodenbereich abtransportiert wird, und eine Wasserzirkulation stattfindet. So bekommen die Pflanzen niemals „kalte Füsse", was für ihr Wachstum von großer Bedeutung ist.
Bei der Auswahl der richtigen und geeigneten Aquarienpflanzen müssen Sie sich am besten einmal mit Ihrem Fachhändler unterhalten, denn Voraussetzung für die Pflege von Aquarienpflanzen in einem Diskusschauaquarium ist, daß diese eine Temperatur von mindestens 28 °C auch problemlos vertragen können. Nicht alle Wasserpflanzen können solch hohe Temperaturen akzeptieren und sie sind dann von der Pflanzenliste zu streichen. Die im Amazonasgebiet vorkommenden Echi-

nodorus-Pflanzen sind als sogenannte Amazonas-Schwertpflanzen sehr gut für Diskusaquarien geeignet. Es gibt sie zum Glück in allen Größenvarianten und so können Sie sich für kleinwüchsige Amazonas-Schwertpflanzen für den Aquarienvordergrund und für einzelne große Solitärpflanzen entscheiden. Gerade der Vordergrund eines Aquariums sollte nicht dicht bepflanzt werden, denn so bleibt den Fischen ein größerer Schwimmraum vorhanden, und Sie sehen als Betrachter auch mehr von Ihren Diskusfischen. Wie bereits gesagt, würden sich Diskusfische in dichte Pflanzenbestände zurückziehen und deshalb ist anfangs das Aquariums keinesfalls mit hohen und dichten Pflanzen zu versehen. Wählen Sie also für den Vordergrund kleinbleibende Amazonas-Schwertpflanzen aus und setzen Sie in Verbindung mit Dekorationsgegenständen wie Steinen oder Wurzelstöcken, einzelne größerwerdende Echinodorus-Pflanzen ein.

Obwohl Cryptocorynen keine biotoptypischen Pflanzen für ein Diskusaquarium sind, so haben sie doch einige große Vorzüge. So sind sie zum Einen sehr dekorativ, zum Anderen aber sehr langsam wachsend. Unter den vielen Cryptocorynen-Arten, die im Fachhandel angeboten werden finden Sie sicherlich die eine oder andere interessante, gut aussehende Aquarienpflanze, die sich bestens in ein Diskusaquarium integrieren läßt.

Wer Wert auf einen schön bepflanzten Aquarienhintergrund legt und ein Händchen für Aquarienpflanzen besitzt, kann sich an eine Hintergrundbepflanzung mit Riesen- oder Schraubenvallisnerien wagen. Besonders die Schraubenvallisnerien sehen sehr dekorativ aus. Allerdings sind Vallisnerien nicht ganz einfache Pfleglinge, obwohl dies fälschlicherweise meist angenommen wird. Überhaupt ist es günstig, wenn Sie ein Schauaquarium nicht mit zuviel Pflanzenarten überfrachten, denn in der Natur kommen auch nicht Dutzende von verschiedene Pflanzen auf einem Streckenabschnitt vor. Auch hier gilt wieder, daß der Meister in der Beschränkung der wahre Meister ist.

Pflanzenaquarien die neu eingerichtet werden, neigen anfangs zu einem starken Algenbefall. Diesen Algenwuchs einzudämmen ist nicht ganz einfach, denn die Algen profitieren von dem anfänglichen Ungleichgewicht im Aquarium und wuchern schnell dahin. Eine Empfehlung, um starken Algenwuchs einzudämmen ist es, schnellwüchsige Aquarienpflanzen zuerst einzusetzen. Diese schnellwüchsigen Aquarienpflanzen entziehen dann den Algen einen Großteil der Nahrung. Jedoch entsteht für den Aquarianer dann das Problem, daß er mit schnellwüchsigen Aquarienpflanzen, meist unerwünschte Pflanzen kaufen müßte, die er eigentlich gar nicht in sein Aquarium einpflanzen wollte. Ein günstigerer Weg, um anfangs Algenprobleme einzudämmen, ist die Auswahl der richtigen Beleuchtung. Keinesfalls

Bei der Auswahl der geeigneten Aquarienpflanzen ist besonders auf deren Temperaturbedürfnisse einzugehen, denn ein Diskusaquarium sollte mit einer Mindesttemperatur von 28 °C betrieben werden und nicht alle Pflanzen können dauerhaft bei dieser hohen Temperatur existieren.
Foto: Aqualife Taiwan

beginnen. Wählen Sie also einen feinen Aquarienkies mit einer Körnung von etwa 2 bis 3 mm. In der Natur finden Diskusfische meist Sandboden vor, in welchen Sie gerne hineinblasen, um Futtertiere zu

oben: *Ausreichend Schwimmraum muß im eingerichteten Aquarium vorhanden sein, damit sich die Fische nicht zu sehr verstecken.*

rechts: *Skalare und Diskusfische können bei entsprechender Vorsorge gut zusammen gepflegt werden.*
Foto: Aqualife Taiwan

sollten Sie von Anfang an spezielle Wachstumslampen für Pflanzen einsetzen. Inzwischen bieten einige Hersteller sogar spezielle Leuchtstoffröhren an, die ein Algenwachstum unterdrücken. Oft wird auch das Einsetzen von algenvertilgenden Fischen empfohlen, doch dies kann natürlich auch nur eine vorübergehende Lösung sein, denn später wollen Sie vielleicht diese Fische nicht mehr zusammen mit Ihren Diskusfischen pflegen und dann taucht wieder das Problem auf, wohin damit.

Hüten Sie sich auch davor, Ihre Fische gleich in ein neu eingerichtetes Aquarium einzusetzen. Sie tun Ihren Fischen keinen Gefallen, denn die Wasserwerte stimmen einfach noch nicht. Während der ersten drei Wochen braucht Ihr neu eingerichtetes Aquarium einfach Zeit, um die Wasserwerte zu stabilisieren. Sie sollten mit im Handel vorhandenen Teststäbchen, die Nitrit-, Nitrat- und pH-Werte überprüfen.

Nach etwa drei Wochen dürften sich ideale Wasserbedingungen eingestellt haben und jetzt können Sie daran gehen Ihre Zierfische einzusetzen.

Welchen Bodengrund Sie Ihren Diskusfischen bieten, ist teils etwas Geschmacksache. Allerdings sollten Sie bedenken, daß grober Bodengrund den Nachteil hat, daß Futterreste in ihm verschwinden und zu modern finden und zu fressen. Zu feiner Sandboden hat jedoch oft in einem bepflanzten Aquarium den Nachteil, daß es zu Moderstellen im Bereich der Pflanzenwurzel kommen kann. Durch eine Bodengrundheizung haben Sie jedoch diesem Problem bereits vorgebeugt. So ließe sich durchaus ein etwas groberer Aquarienkies im Untergrund mit einer Abdeckschicht feineren Aquarienkieses oder -sandes durchaus kombinieren. Wählen Sie die Höhe des Aquarienbodens auch nicht zu gering aus, denn dann lassen sich die Pflanzen viel besser einsetzen und die Wurzeln können auch viel einfacher anwachsen. Eine Höhe von sechs bis acht Zentimetern ist durchaus anzuraten.

Ein wichtiges Thema in Pflanzenaquarien ist die Kohlendioxiddüngung. Ohne Kohlendioxiddüngung geht es eigentlich kaum und wenn Sie auf schöne Pflanzen Wert legen, müssen Sie diese Düngemethode anwenden. Im Fachhandel gibt es komplette Kohlendioxid-Düngungsanlagen, die aus einer Kohlendioxidflasche mit Armatur, mit Feinregulierung und einem Kontaktgefäß im Aquarium bestehen. Aus der Flasche entweicht über einen speziellen Schlauch Kohlendioxid, welches im Aquarium in einem Kontaktrohr oder ähnlichem Gefäß mit dem Wasser in Verbindung tritt. Das Aquarienwasser reagiert mit dem Kohlendioxidgas zu Kohlensäure und diese Kohlensäure kann von den Pflanzen als wichtige Nahrung aufgenommen werden. Befürchtungen, daß durch Kohlensäurezugabe das Aquarienwasser zu sauer wird, sind unbegründet. Sicherlich kann sich der pH-Wert minimal verändern, jedoch besteht keinerlei Gefahr für die Fische. In Verbindung mit der richtigen Beleuchtung, einem geeignetem Bodengrund mit Bodenheizung und einer Kohlendioxiddüngung wird es Ihnen gelingen, einen prächtigen Pflanzenwuchs in Ihrem Aquarium zu erzielen. Daß gut wachsende Aquarienpflanzen auch Beobachtung und Pflege benötigen, müßte einleuchtend sein. Sie werden nicht umhin kommen, immer wieder die Pflanzen einmal auszulichten oder Triebe einzukürzen, um ein schönes Bild zu erzielen. Wenn Sie in ein solches Pflanzenaquarium gesunde Diskusfische einsetzen, werden Sie kaum Probleme mit diesen bekommen. An einem solchen Schauaquarium werden Sie viel Freude haben und weshalb sollte unser majestätischer Diskusfisch nicht in einem solch prächtig eingerichteten Aquarium präsentiert werden.

Wie groß sollte ein Diskusaquarium sein?

Da es sich um größere Aquarienfische handelt sind auch entsprechend große Aquarien gefordert. Zur Hälterung eines ausgewachsenen Diskuspaares ist ein Aquarium mit einem Meter Länge, 50 cm Höhe und einer Mindesttiefe von 45 cm erwünscht. In einem solchen Aquarium könnten eventuell vier halbwüchsige Diskusfische großgezogen und gehältert werden. Als guter Richtwert wären 50 Liter Aquarieninhalt pro ausgewachsenem Diskus anzusehen.

Sind 50 Liter Aquarieninhalt nicht zu großzügig bemessen?

Nein, denn immer wieder hört man von Problemen bei der Diskushälterung. Diese Probleme entstehen oft genug durch Überbesetzung der Aquarien.

Sollen Diskusfische einzeln oder in Gruppen gehalten werden?

Der Diskus ist ein Schwarmfisch. Er fühlt sich im Aquarium in Gruppen am wohlsten.

Wieviele kleine Diskus können in einem Aquarium aufgezogen werden?

Auch hier gilt es sich zu beschränken. Der Liebhaber, nicht der Züchter, ist bestens beraten, wenn er zur Aufzucht zwanzig bis dreißig Liter Aquarieninhalt pro kleinem Diskus rechnet. Die Fische wachsen dann recht schön und fühlen sich wohler. Meist wird dann der eine oder andere Diskusfisch noch aussortiert, so daß am Ende der Aufzucht von einst zwölf Jungfischen vielleicht sechs bis zehn erwachsene Fische übrigbleiben. Dann muß sowieso umgesetzt und ein zweites Aquarium eingesetzt werden.

Welches Platzbedürfnis haben kleine Diskusfische, die man selbst nur bis zur Verkaufsgröße heranziehen will?

Kleine Diskusfische, die nach dem Absetzen von den Elterntieren etwa die Größe von einem bis zwei Zentimetern haben, sollten zusammenbleiben und bis zur zwölften Lebenswoche etwa zwei Liter Aquarieninhalt pro Fisch geboten bekommen. Ab der zwölften Woche können sie gut verkauft werden. Dann wäre auch das Aufteilen in Gruppen ratsam. Die kleineren Diskus sollten von den größeren getrennt werden, damit sie besser weiterwachsen.

Welche Größe haben die idealen Zuchtaquarien?

Ideal ist immer relativ. Standardmaße sind zum Beispiel 50x50x50 cm, jedoch ist es doch besser die Breite auf 60 oder gar 70 cm auszudehnen. Bei etwas größeren Aquarien hat der Züchter mehr Möglichkeiten, regelnd einzugreifen. Bei agressiven Fischen kann es in zu kleinen Aquarien schneller zu Beißereien kommen.

Wo stellt man ein Diskusaquarium im Wohnzimmer am besten auf?

Möglichst so, daß nicht allzuviel Sonne direkt ins Aquarium scheint. Deckenlampen sollen ebenfalls nicht so stark zwischen Betrachter und Aquarium plaziert sein. Sonst schlagen die Schatten des Betrachters nämlich stark in das Aquarium.

Soll das Aquarium sehr ruhig stehen?

Nein, je mehr Trubel im Zimmer herrscht und je mehr Leute in das Zimmer kommen, desto ruhiger werden sich gesunde Diskus verhalten. Die Fische gewöhnen sich schnell an die Umgebung und an die Fütterungen. Manche Diskusaquarianer „schleichen" sich in das Zimmer mit dem Aquarium.
Dieses Verhalten ist falsch. Gewöhnen sich die Fische nicht an den Pfleger, dann sind sie krank.

Wie kann ich erreichen, daß sich die Fische an mich gewöhnen und nicht so schreckhaft reagieren?

Nehmen Sie sich viel Zeit für die Fische. Gehen Sie öfters ans Aquarium. Füttern Sie kleinste Portionen, dafür aber sehr häufig. Zehnmaliges Füttern von Kleinstportionen, immer an der gleichen Stelle, wird die Fische dazu bringen, regelmäßig nach dem Futter zu betteln.

Die Diskusfische sind sehr dunkel und schreckhaft, woran liegt das?

Dunkle, fast schwarz gefärbte Diskusfische sind wahrscheinlich krank. Genaues kann nur eine mikroskopische Untersuchung ergeben. Es ist aber anzunehmen, daß diese Fische entweder Hautparasiten oder Darmnematoden haben.

Dürfen Diskusaquarien stark beleuchtet werden?

Die Meinung, daß Diskusfische nur im Dämmerlicht zu halten, ist überholt. Der Diskus will eine ganz normale Beleuchtung.

Können Diskusaquarien mit HQL- oder HQI-Lampen beleuchtet werden?

HQL Licht ist duchaus angebracht. HQI ist aus Kostengründen auszuklammern, außerdem nicht erforderlich. HQL-Licht kann mit Gro-lux Röhren kombiniert werden.

Welche Vorteile haben Gro-lux Röhren?

Diese Röhren mit dem warmen Rotton begünstigen die Farbe von rotgründigen Fischen stark. Dies bedeutet, daß mancher Diskus zum Rottürkisdiskus wird. Flächig blaue Fische sehen unter warm-weißem Neonlicht besser aus.

Welche Beleuchtung ist ideal für ein bepflanztes Diskusaquarium?

Im Fachhandel gibt es inzwischen spezielle Pflanzenleuchten, die Algenwuchs unterdrücken, z.B. von Firma Dennerle.

In Diskusaquarien dürfen nur Steine eingebracht werden, die keine Härtebildner an das Wasser abgeben. Kalksteine wären also absolut ungeeignet als Dekorationsmittel. Naturgestein wie Granit oder Schiefer ist dagegen sehr gut geeignet zum Dekorieren von Diskusaquarien.
Foto: Aqualife Taiwan

Das richtige Zuchtaquarium

Ein Zuchtaquarium wird erst dann angeschafft, wenn sich ein Pärchen gebildet hat und der Diskusbesitzer plötzlich vor dem Problem steht, „Was tun, jetzt wollen meine Diskusfische ablaichen?" Unter gesunden Diskusfischen werden sich bei guter Hälterung irgendwann einmal Paare zusammenstellen und mit Laichvorbereitungen beginnen. Dies tun sie auch in einem Gesellschaftsaquarium oder in einem Aquarium mit ihren Artgenossen. Selbstverständlich wäre es möglich, das Diskuspaar erst einmal im Gesellschaftsaquarium zu belassen und abzuwarten was passiert. Doch die Versuchung ist groß, das Pärchen herauszufangen, um in einem separaten Aquarium größere Chancen bei der Laichentwicklung zu haben. Also bleibt nichts anderes übrig, als ein spezielles Diskuszuchtaquarium einzurichten. Doch wie sieht ein solch typisches Diskuszuchtaquarium eigentlich aus? Die Meinungen über die Größe gehen selbstverständlich etwas auseinander, aber pauschal kann gesagt werden, daß ein solches Zuchtaquarium Mindestmaße von 50x50x50 cm haben sollte. Besser wäre es schon, wenn das Aquarium etwas größer wäre, denn ein Inhalt von 200 Litern Wasser ist biologisch einfacher in den Griff zu bekommen. Ideale Filter für solche einzelnen Zuchtaquarien sind Langsamfilter, die keine Gefahr für die Jungbrut darstellen können. Die Einrichtung für ein solches Zuchtaquarium besteht meist nur aus einer Tonvase oder einem Laichkegel, was bei friedlichen Paaren auch völlig ausreicht. Streitet das Diskuspaar ab und zu und dann teilweise sogar sehr heftig, so ist zu überlegen, ob es nicht besser wäre, ein noch größeres Zuchtaquarium anzubieten und Rückzugsmöglichkeiten im Aquarium einzubauen. So könnten zum Beispiel Wurzeln oder Steinplatten als Raumteiler wirken. Auch ist es einfacher, in einem etwas größeren Aquarium zum Beispiel Trennnetze zu befestigen, so daß das streitende Pärchen nicht zueinander kommen kann. Benötigen Sie vorerst nur ein einzelnes Zuchtaquarium, so ist dieses technisch gesehen, als Einzelaquarium zu betreiben. Es ist immer günstiger, wenn das Wasser aus anderen Aquarien nicht mit diesem Zuchtaquarium zusammenkommt. Eine Krankheitsübertragung auf die Jungfische stellt nämlich eine große Gefahr dar.

Ist es jedoch notwendig, eines Tages ein zweites, drittes oder sogar viertes Zuchtaquarium aufzustellen, weil Sie ein so begnadeter Diskuszüchter geworden sind, dann können Sie selbstverständlich überlegen, ob Sie diese Aquarien technisch gesehen, miteinander verbinden. Sie ersparen sich sicherlich manche Arbeit und auch etwas Kosten, wenn Sie zum Beispiel nur einen Zentralfilter für mehrere Zuchtaquarien einsetzen. Durch den Einsatz mehrerer Zuchtaquarien haben Sie auch die Gewissheit, daß die größere Menge an Zuchtwasser, auch wesentlich stabiler bleibt. So sind pH-Wertschwankungen viel unproblematischer in einer großen Wassermenge zu handhaben,

In Asiatischen Diskuszüchtereien läßt man die Fische oft an Kunststoffrohren ablaichen. Bei der Aufzucht der Jungfische spielt der tägliche Wasserwechsel eine große Rolle.

als dies in einem einzigen kleinen Zuchtaquarium mit sehr weichem Wasser der Fall ist. Vielleicht werden Sie dann eines Tages an den Punkt gelangen, wo Sie sich überlegen müssen, ob nicht zum Beispiel eine Raumheizung wesentlich kostengünstiger ist, als eine Einzelheizung für jedes Aquarium. Wird der Raum nämlich auf 28-30 °C aufgeheizt, so kann bei guter Isolierung weitgehend auf eine Zusatzheizung verzichtet werden. Lediglich für die Zuchtbecken wird noch ein Zusatzheizer eingesetzt, während die Aufzuchtaquarien in erster Linie mit Raumheizung erwärmt werden. Ein Diskuszuchtraum ist schon genauestens zu planen, bevor er in die Wirklichkeit umgesetzt wird. Auf viele Dinge ist zu achten. So ist zum Beispiel der Einsatz von Feuchtraumleuchtstoffröhren und Feuchtraumsteckdosen sehr wichtig. Auch sollten Sie nicht darauf verzichten, entsprechend viele Fi-Schutzschalter für Ihre elektrische Sicherheit einzubauen. Bei den enormen Heizkosten ist es auch wichtig, solche Zuchträume gut zu isolieren. Haben Sie jedoch keine Raumheizung in den Zuchträumen, kommt es sehr schnell zum Autreten von Schwitzwasser und Ihre Wände und Decken erhalten Stockflecken, die auf ein schlechtes Raumklima hinweisen. Bei einer Raumheizung werden solche Schwitzstellen vermieden. Dennoch kommen Sie nicht umhin, auch für Frischluft zu sorgen und vielleicht empfiehlt sich der Einbau eines Vetilators.

Bei der Beleuchtung ist darauf zu achten, daß nicht nur die einzelnen Aquarien, sondern auch der Raum zu beleuchten ist. Es kann sich nämlich manchmal als sehr energiesparend herausstellen, wenn Sie eine Raumbeleuchtung benutzen, die besonders in der ruhigen Zeit, wenn Sie nicht im Aquarienkeller sind, eingeschaltet wird. Da Sie jedoch Ihre schönen Fische immer wieder betrachten wollen, sollten Sie sich schon den Luxus einer guten Leuchtstoffröhren-Beleuchtung über den Aquarien gönnen.

Zuchtaquarien stehen meist auf Metallregalen, denn dies bietet den Vorteil, daß unter den Zuchtaquarien noch eine Reihe Hälterungsaquarien aufgestellt werden können, in welchen dann die Jungfische zu einer Verkaufsgröße aufgezogen werden können. Ob Sie eine solche doppelstöckige Ausführung aufstellen, hängt natürlich von Ihrem persönlichen Geschmack und auch von Ihren Platzverhältnissen ab. Wichtig ist beim Aufstellen der Aquarien jedoch immer die entsprechende Arbeitshöhe, die es noch gut möglich macht, bequem an Ihren Aquarien zu arbeiten.

In Diskuszuchträumen mit mehreren Zuchtaquarien und zahlreichen Aufzuchtbecken wird es nicht ausbleiben, größere Filteranlagen einzubauen.Viele Diskusliebhaber benutzen dann sogenannte Mehrkammerfilter, die, wie der Name schon sagt, aus mehreren Kammern bestehen, die mit verschiedensten Filtermaterialien angefüllt sind. Hier schwört jeder Züchter so auf seine eigenen Filtermaterialien und Filtermethoden. Wichtig wäre es sicherlich für die verschiedenen Regalreihen, separate Filterbecken einzusetzen. So lassen sich die Filter besser kontrollieren und eine Übertragung von Krankheiten auf andere Aquarien wird eingeschränkt. Auch die Aufbereitung von einzelnen Aquarien mit speziellen Wasserzusätzen zur Erzielung optimaler, gewünschter Wasserwerte ist wesentlich einfacher. So könnten Sie zum Beispiel in einer Zuchtreihe mit mehreren Aquarien den pH-Wert absenken und auf beispielsweise 5,5 einstellen, während in der zweiten Zuchtreihe mit einem eigenen Filtersystem der pH-Wert versuchsweise auf 6,5 eingestellt wird. Sie haben einfach mehr Möglichkeiten, in Ihrer Zuchtanlage Versuche durchzuführen, die letztendlich ja zum Erfolg führen sollen. Bei Zuchtanlagen mit Zentralfilterung werden Sie nicht umhin kommen, ein Rohrsystem einzubauen, welches den Zu- und Ablauf automatisch regelt. Mit Hilfe von an der Wand oder hinter dem Aquarium verlegten Rohren, können Sie jedem Aquarium einen Zu- und Ablauf einbauen. Das gefilterte Wasser läuft also über den Zulauf, der am besten mit einem Kugelhahn versehen ist, in das Aquarium hinein, während auf der anderen Seite durch einen Überlauf die entsprechende Menge Schmutzwasser wieder abfließt. Auch der leidige Wasserwechsel kann über ein solches Rohrsystem geregelt werden. Manche Aquarianer entwickeln hier sehr viel Talent bei der Installation solcher Wasserzu- und ablaufsysteme. Gerade in den großen Zuchtanlagen Südostasiens werden meist solche Wasserwechselsysteme eingebaut. Durch einen Ablaufschutz ist gewährleistet, daß die Becken niemals ganz leer laufen können. So kann der Pfleger einfach die Aquarienabläufe aufdrehen und zum Beispiel die Hälfte des Aquarienwassers automatisch ablaufen lassen. Ist dieses Wasser abgelaufen, werden die Hähne wieder verschlossen und über ein zweites Zulaufsystem wird das Frischwasser eingeleitet. So läßt sich in einer großen Zuchtanlage mit mehreren Dutzend Aquarien innerhalb kürzester Zeit fast vollautomatisch das Wasser wechseln.

Im Normalfall besitzen Zuchtaquarien keinen Bodengrund, denn dann ist die Sauberhaltung des Aquariums wesentlich einfacher. Manche Züchter, die nur wenige Zuchtaquarien betreiben, leisten sich den Luxus, Ihren Fischen etwas Bodengrund anzubieten. So kann allgemein festgestellt werden, daß sich die Fische durchaus

Mehrere Zuchtaquarien können gemeinsam über einen Zentralfilter gefiltert werden. So gelangen zum Beispiel Geschlechtssoffe wie Pheromone in das gesamte Wasser und regen alle Fische zum laichen an. Auf dem unteren Bild laicht gerade ein Weibchen an der Aquarienscheibe ab.

sehr wohlfühlen, wenn feiner Kies oder Flußsand in zumindest dünner Schicht auf dem Boden aufliegt. Doch muß dann sehr gut darauf geachtet werden, immer Futterreste abzusaugen. Weitere Einrichtungsgegenstände für ein solches Diskuszuchtaquarium können neben der üblichen Laichvase auch einmal große Solitärpflanzen sein. Wenn das Aquarium hoch genug ist, können Sie zum Beispiel eine einzelne großblättrige Amazonas-Schwertpflanze in einen kleinen Tontopf setzen und direkt im Aquarium plazieren. Unter Umständen laichen Ihre Diskusfische dann begeistert an den Blättern dieser Schwertpflanze ab. Beim Einsatz von Wurzeln als Dekorationsmittel in Zuchtaquarien ist Vorsicht angesagt, denn viele Wurzeln geben langsam aber sicher Stoffe an das Aquariumwasser ab und falls es sich dann um Zersetzungsprodukte handelt, die sogar einen modrigen Geruch entwickeln, ist es höchste Zeit, die Wurzel besser wieder zu entfernen. Es gibt Wurzelnachbildungen aus Ton oder Keramik, die gut aussehen und gerne von Diskusfischen als Laichunterlage verwendet werden. Auch Steine können nicht nur zur Dekoration, sondern auch als Laichhilfe angeboten werden. Diskusfische nehmen solche schräg stehenden Steinplatten gerne als Laichunterlage an. Wichtig ist nur, daß Sie darauf achten, daß diese Steine keine Härtebildner an das Wasser abgeben können. Es wäre also grundverkehrt, zum Beispiel Kalksteine in ein Diskuszuchtaquarium zu geben. Während aber Granitplatten oder Schieferplatten durchaus geeignet sind, da sie keine Fremdstoffe an das Wasser abgeben.

Ist Ihnen erst einmal die Diskuszucht gelungen, könnten Sie ja einen Versuch starten, Diskusfische auch in einem natürlich eingerichteten Aquarium mit Bodengrund und Wasserpflanzen nachzuzüchten. Sicherlich ist es ein tolles Erlebnis für einen Aquarianer, Diskusfische mit ihren Jungfischen in dieser natürlichen Umgebung zu beobachten.

Welche Einrichtung wird mindestens für ein Zuchtaquarium empfohlen?

Üblicherweise wird als Einrichtungsgegenstand nur eine Tonvase zum Ablaichen verwendet. Jedoch ließe sich auch mit einem Tontopf eine einzelne Pflanze als Dekorationshilfsmittel in das Aquarium stellen. Jedoch ist dann schon wieder erforderlich, entsprechend zu beleuchten, damit die Pflanze nicht zu schnell kümmert.

Welche Mindesthöhe sollte ein Zuchtaquarium besitzen?

Die Mindesthöhe ist idealerweise bei 50 cm, zur Not auch einmal bei 45 cm zu sehen. Andererseits muß das Aquarium aber auch nicht höher als 50 cm sein und das Maximum wäre eine Höhe von 60 cm, wobei jedoch berücksichtigt werden sollte, daß Zuchtaquarien oft übereinander in Regalen stehen und dann bei 60 cm Höhe das Hantieren, wie zum Beispiel Wasser absaugen im Aquarium nicht mehr so einfach ist.

Sollen verschiedene Zuchtaquarien filtertechnisch miteinander verbunden werden?

Dies hängt sehr stark vom Betreiber der Anlage ab, denn ein Zusammenschalten erleichtert die Arbeit erheblich, birgt aber die Gefahr der Krankheitsübertragung in sich. Wenn Sie jedoch eine gewisse Erfahrung in der Diskuspflege und -zucht besitzen, können Sie wohl problemlos mehrere Aquarien miteinander betreiben.

Welchen Vorteil haben die Zusammenschaltung und Zentralfilterung mehrerer Zuchtaquarien?

Ein wesentlicher Vorteil ist, daß die größere Wassermenge viel stabiler in ihren Reaktionen ist. So wird der pH-Wert viel unproblematischer zu Handhaben sein, denn er neigt ja in sehr weichem Zuchtwasser dazu, schnell abzusinken.

Bei gemeinsam betriebenen Zuchtaquarien sollen die Pheromone der Fische eine Auswirkung auf ihr Laichverhalten haben. Können Sie den Begriff Pheromone erklären?

Pheromone sind Sexualstoffe, die während des Laichvorgangs von den Fischen in das Wasser abgegeben werden, um Signale an den Sexualpartner weiterzugeben. Da bei einer Zentralfilterung oder größeren Zuchtaquarien mit mehreren Paaren die anderen Fische ebenfalls diese Pheromone wahrnehmen, können diese ebenfalls zu Laichaktivitäten führen. Es ist also durchaus denkbar, daß in Gemeinschaftszuchtanlagen mehrere Paare hintereinander ablaichen.

Kann Bodengrund in ein Zuchtaquarium eingebracht werden?

In der Regel besitzen Zuchtaquarien keinen Bodengrund, doch es ist durchaus möglich, eine dünne Schicht eines geeigneten Bodengrundes in das Aquarium zu bringen. So fühlen sich die Fische sicher etwas wohler, allerdings bereitet die Sauberhaltung des Bodengrundes dem Pfleger etwas mehr Mühe.

Welches Material ist als Bodengrund geeignet?

In jedem Falle sollten Sie nur feinen Kies verwenden, der keine Härtebildner an das Wasser abgibt. Wenn Sie zum Beispiel kalkhaltigen Bodengrund verwenden, härtet sich Ihr Wasser unnötig auf und es kann zu einer starken Veränderung des osmotischen Drucks kommen, was letztendlich zu einer Zerstörung der Eihülle führen wird.

Dürfen Moorkienwurzeln in ein Zuchtaquarium gegeben werden?

Moorkienwurzeln können das Wasser mit pflanzlichem Material belasten, was dann dazu führen kann, daß das Wasser modrig riecht. Alle natürlichen Wurzeln geben langsam aber sicher Stoffe an das Aquarienwasser ab. Es gibt interessante Nachbildungen von Wurzeln aus Keramik oder Ton und dies wäre sicherlich der bessere Weg, um das Aquarium etwas zu dekorieren. Gerne laichen die Diskusfische auch an den Wurzelstöcken ab.

Müssen Zuchtaquarien mit einer Deckscheibe versehen werden?

Prizipiell sollten alle Diskusaquarien mit einer Scheibe abgedeckt werden, da Diskusfische zum Beispiel durch plötzliches Lichteinschalten sehr erschrecken und aus dem Aquarium springen können. Unterschätzen Sie dieses Herausspringen nicht.

Richtiger Diskuskauf

Ein alter Spruch unter Diskusfreunden sagt „Diskuskauf ist Vertrauenssache" und damit ist schon einiges zum Thema Diskuskauf gesagt. Obwohl heute Diskusfische in riesigen Mengen nachgezüchtet werden, hat der Diskus immer noch einen Sonderstatus unter den Aquarienfischen. Mit Sicherheit zählen Diskusfische nicht zu den Massenfischen, die zu hunderten in jeder Zoohandlung zu finden sind. Eine gehörige Portion Vorsicht, aber auch Information gehört beim Diskuskauf unbedingt dazu. Zuerst müssen Sie sich als Käufer einmal darüber klar werden, welche Art von Diskusfischen Sie eigentlich kaufen wollen. Wollen Sie Jungfische oder erwachsene Diskusfische kaufen? Sollen es Rottürkis oder vielleicht doch besser blauflächige Diskus sein? Natürlich könnten Sie auch einmal darüber nachdenken, es mit Wildfängen zu versuchen, oder bleiben wir erst einmal beim einfacheren Braunen Diskus?

Wenden wir uns zuerst dem Kauf von großen ausgewachsenen oder fast ausgewachsenen Diskusfischen zu. Gut gefärbte Nachzuchtdiskus mit perfekter Form sind nicht gerade billig und deshalb ist eine genaue Betrachtung vor der Kaufentscheidung wichtig. Lassen Sie sich also etwas Zeit, bevor Sie sich für einen Diskus entscheiden. Es ist immer gut, sich eine Zeitlang vor dem Aquarium aufzuhalten, und die in Frage kommenden Fische genauer zu betrachten. Alleine schon vom Verhalten der Fische kann auf deren Gesundheit geschlossen werden. Gesunde Fische schwimmen aktiv durch das Aquarium, sind auf der Suche nach Freßbarem und kümmern sich auch um ihre Artgenossen. Stehen Diskusfische dunkel und teilnahmslos in einer Ecke des Aquariums, dann stimmt etwas nicht. Gerade die dunkle Färbung weist fast hundertprozentig auf Krankheiten oder zumindest auf ein Unwohlsein der Fische hin. Dunkel gefärbte Diskusfische fressen schon oft nicht mehr. Wenn Sie also aus solch einem Aquarium Diskusfische erwerben wollen, dann lassen Sie diese doch mit einer kleinen Futtermenge einmal aktiv werden. Das Futter muß die Fische unbedingt interessieren und der Diskus, der sich nicht an der Fütterung beteiligt, sollte auch nicht gekauft werden. Direkt vor einem Transport sollten sich Diskusfische nicht vollfressen, denn durch den Transportstreß kann es zum Erbrechen des Futters kommen.

Sind äußere Mängel wie Flossenschäden, die übrigens wieder nachwachsen können, oder eine dunkle Färbung, sowie Mißbildungen auszuschließen, muß die körperlich Verfassung genauestens überprüft werden. Ein sehr wichtiges Gesundheits- und Qualitätsmerkmal für große Diskusfische, sind die Proportionen des Kopfs. Betrachten Sie einen Diskus unbedingt von vorne und achten Sie dann auf die Kopfpartie oberhalb der Augen. Sieht der Fisch von vorne gesehen um den Kopf schon eingefallen aus, ist also nicht mehr vollfleischig, dann

Beim Kauf von erwachsenen Diskusfischen müssen Sie darauf achten, Fische mit perfekter runder Körperform und entsprechend kleinem Auge im Verhältnis zur Körpergröße zu erwerben.

ist Zurückhaltung angesagt. Diskusfische, die krank sind, fressen meist nichts mehr und magern schnell ab. Dieses Abmagern resultiert oft auch aus dem Befall von Darmparasiten. Solche Schmarotzer zehren Diskusfische richtiggehend aus und sie sind auch nur sehr schwierig und langwierig zu bekämpfen. Ist ein Diskusfisch bereits um die Kopf- und Rückenpartie eingefallen, ist er oft nicht mehr zu retten, bzw. für eine spätere Nachzucht weitgehend ungeeignet. Ein gesunder Diskusfisch zeigt eine runde Kopfpartie und je nach Alter muß diese richtig bullig aussehen. Auch ein eingefallener Bauch würde auf gleiche Krankheiten hinweisen.

Manchmal sind gesunde Diskusfische auch dunkel gefärbt und der Wechsel zwischen Dunkel- und Nor-

In Asien werden Diskusfische mit hoher Körperform gezüchtet, die optisch von der originalen Wildfangform stark abweichen. Dennoch sind diese Fische sehr beeindruckend und bei diesem Fisch hier ist das Verhältnis von Augen- zu Körpergröße ideal.

malfärbung geht fließend voran. Stehen die Fische jedoch für längere Zeit dunkel und apathisch im Aquarium, dann hat dies nichts mit Signalfärbung zu tun. Diskusfische besitzen normalerweise neun Senkrechtstreifen, die mehr oder weniger deutlich zu sehen sind. Das Zeigen dieser Senkrechtstreifen ist völlig normal, denn hier werden Signale zum Beispiel bei Revierkämpfen oder beim Ablaichen gezeigt. Somit sagen diese senkrechten sichtbaren Streifen nichts negatives über den Gesundheitszustand aus. Besonders bei Jungtieren sind diese Streifen fast immer zu sehen. Sind Diskusfische in der Laichvorbereitung, dann zeigen sie in der Regel die letzten vier bis fünf Senkrechtsstreifen besonders intensiv. Dieses Verhalten hat nichts mit Krankheiten zu tun.
Je nach Futterzusammensetzung geben Diskusfische nach der Fütterung einen rötlich-braunen bis schwarzen Kotfaden ab. Der Kot muß relativ schnell vom Fisch abfallen und zu Boden sinken. Hängt der Kotfaden jedoch längere Zeit am Fisch, dann kann dies bereits auf Probleme bei der Verdauung hinweisen. Besonders, wenn es sich um einen weißlichen, teils durchsichtigen und gallertartigen Kotfaden handelt, ist größte Vorsicht angesagt, denn diese Art von weißem Kot deutet auf Parasitenbefall hin. Diskusfische, die einen weißen Kot absetzen, können gegen Darmparasiten behandelt werden, aber diese Behandlung setzt schon einige Erfahrungen in der Diskuspflege voraus und somit muß man sich schon genau überlegen, ob man bereit ist, einen solchen Diskus zu erwerben.
In der Kopfregion besitzen Diskusfische manchmal kleine Löcher. Solange es sich nur um stecknadelgroße Löcher handelt, ist keine Gefahr zu befürchten. Handelt es sich jedoch um größere kraterartige Löcher im Bereich der Augen, dann kann von einem möglichen Befall mit Lochkrankheit ausgegangen werden. Fische mit Löchern im Kopfbereich sehen nicht nur häßlich aus, sondern sie sind auch oft krank. Lassen Sie also bei diesen Anzeichen lieber die Finger von solchen Fischen.
Ein Befall mit Kiemenwürmern ist leider immer noch ein Thema bei Diskusfischen. Kiemenwürmer sind mit entsprechenden Medikamenten gut und wirksam zu bekämpfen, aber wenn es sich vermeiden läßt, sollte man gleich versuchen, kiemenwurmfreie Fische zu erwerben. Der Nachweis von Kiemenwürmern ist durch einen Abstrich hinter den Kiemen von der Haut der Diskusfische leicht vorzunehmen. Jedoch benötigen sie zur Untersuchung ein Mikroskop und etwas Erfahrung bzw. Mikroskopaufnahmen von Kiemenwürmern zum Vergleich. Stehen die Fische schwer atmend im Aquarium, dann deutet dies schon auf einen Befall der Kiemen hin. Meist wird dann auch nur ein Kiemendeckel zum atmen abgespreizt und der zweite bleibt eng am Körper liegen. Bei Kiemenproblemen scheuern sich Diskusfische auch gerne an Einrichtungsgegenständen, wie Wurzeln, Steinen, Pflanzen oder sogar am Filter. Kiemenwürmer sind sehr lästig und vor allem sehr ausdauernd. Meist müssen sehr starke Medikamente eingesetzt werden, um dieses Problem zu lösen und dann ist es oft erforderlich, eine Quarantäne oder Behandlung über mehrere Wochen durchzuführen. Daß der gesamte Fischbestand durch vorhandene Kiemenwürmer angesteckt wird, dürfte verständlich sein und deshalb ist es

auch immer wichtig, neue Fische zuerst einmal für eine angemessene Zeit in Quarantäneaquarien zu überführen und dort genauestens zu beobachten und gegebenenfalls zu behandeln. Gerade was die Diskusseuche angeht, ist hier Vorsicht geboten.

Der Kauf von kleinen Diskusfischen ist nicht ganz so problematisch, denn Jungfische zeigen in der Regel eine große Aktivität, ein enormes Freßverhalten und somit läßt sich schon sehr leicht äußerlich erkennen, ob diese Fische in Ordnung und gesund sind. Da der Diskus in der Aufzucht ein Schwarmfisch ist, empfiehlt es sich, immer mehrere Jungfische miteinander zu erwerben und aufzuziehen. Sie fühlen sich in der Gruppe einfach wohler, sind weniger krankheitsanfällig und wachsen schneller. Ab einem Alter von etwa acht Wochen werden Diskusfische bereits verkauft. Sie besitzen dann einen Körperdurchmesser von etwa 2,5 bis 3 Zentimetern und können gut an neue Wasserbedigungen gewöhnt werden. Auch hier gilt es auf äußere Krankheitsmerkmale zu achten und so ist ein Blick auf die Kiemen unverzichtbar. Atmen die Fische etwas schwer, kann dies an schlechten Wasserverhältnissen durch Überbesetzung im Aquarium oder auch an einer übermäßigen Fütterung liegen. Auch Jungfische sollten vor einem Transport nicht mehr gefüttert werden und für längere Transporte ist es sogar unabdingbar, daß die Jungfische mindestens einen Tag kein Futter mehr bekamen. Keinesfalls dürfen die Jungfische sehr dunkel gefärbt sein, denn eine Dunkelfärbung bei Diskusfischen ist eigentlich immer ein schlechtes Zeichen, das zur Vorsicht mahnt.

Für den Transport müssen Diskus mit einem feinen Netz aus dem Aquarium gefangen werden, denn je feiner das Netz ist, desto geringer ist die Verletzungsgefahr der Schleimhaut. Die sicherste Transportmethode für einen Zeitraum von einer oder mehreren Stunden ist das Verpacken in Kunststoffbeutel. In solchen Kunststoffbeuteln können sich die Fische kaum verletzen. Daß für den Transport aller Diskusfische mindestens zwei Beutel ineinandergestellt werden müssen und bei großen, wertvollen Diskusfischen der Einsatz eines dritten Beutels ratsam erscheint, dürfte klar sein. Zwischen die einzelnen Beutel kann bei ausgewachsenen Diskus, die schon mal problemlos einen Beutel mit ihren Flossenspitzen durchstechen können, eine Lage Zeitungspapier als Stechschutz angebracht. Bei großen Diskusfischen reicht es aus, wenn das Wasser gerade die Körperhöhe des Fischs ausmacht. Viel wichtiger für längere Transporte ist der Zusatz von reinem Sauerstoff in den Beutel. Bei einem kurzem Transport bis zu einer Stunde muß bei entsprechend großen Beuteln kein Sauerstoff zusätzlich zugesetzt werden. Bei längeren Transporten ist das

Beim Erwerb kleinerer oder halbwüchsiger Diskusfische können Sie nicht immer auf die spätere Farbqualität schliessen. Wenn Sie möglichst wenig Probleme bei der Aufzucht haben wollen, empfiehlt es sich gleich, halbwüchsige Fische zu kaufen. Diskusfische sind Schwarmfische und sollten deshalb unbedingt in einer größeren Gruppe aufgezogen werden.

Junge Diskusfische einer Zucht sollten möglichst gleichgroß sein und eine perfekte runde Körperform besitzen. Wachstumsschäden, die in der Jungendzeit geschehen, sind später kaum noch auszugleichen.

Hineinblasen von reinem Sauerstoff aus einer Sauerstoffflasche unbedingt anzuraten, denn mit frischem Sauerstoff verpackte Fische können für mehrere Stunden, bei Profiverpackung sogar bis zu 36 Stunden, in solchen Beuteln verbleiben, ohne daß sie Schaden nehmen.
Ein Transport in Eimern oder Styroporkartons ist immer kritisch, denn die Tiere erschrecken sich sehr stark und schießen dann regelrecht durch die Behälter und verletzen sich unter Umständen. Gerade Augenschleimhautverletzungen sind hierbei möglich und verletzte Augen können auf Dauer geschädigt bleiben. Es kommt dann zu einer Verkümmerung der Pupille und solche Fische mit Augenverletzungen sehen nicht schön aus.
Zu Hause angekommen, muß die Übersiedlung in das neue Aquarium zwar schonend aber doch schnell vorgenommen werden. Sobald die Verpackung geöffnet wird, ent-

Bei dieser Gruppe von Wildfängen ist festzustellen, daß es zahlreiche Farbnuancen gibt und auch bei Wildfängen schon häufiger Streifenfehler vorkommen, die sich dann auch auf die Nachzuchten vererben können. Die Fehler von unterbrochenen Senkrechtstreifen sind leider ein weit verbreiteter Mangel in der Diskuszucht.

weicht der im Beutel vorhandene Sauerstoff und dann dürfen die Fische nicht zu lange im Behälter verbleiben, sonst könnten sie an Sauerstoffmangel eingehen. Geben Sie nach und nach Wasser aus dem Aquarium in das Transportgefäß und setzen Sie dann nach einer kurzen Eingewöhnungszeit die Fische in das Aquarium um. Das Transportwasser ist wegzuschütten. Anfangs stehen große Diskusfische möglicherweise etwas schlecht im Aquarium. Es kann sogar vorkommen, daß sie sich zuerst für einige Zeit auf den Boden des Aquariums legen. Geraten Sie jetzt aber bitte nicht in Panik, sondern lassen Sie den Fischen ihre Ruhe. Erfahrungsgemäß richten sich die Fische nach einiger Zeit auf und schwimmen normal durch das neue Aquarium. Kleinere Diskusfische überstehen auch einen längeren Transport meist sehr gut und gehen sehr schnell wieder ans Futter. Bei großen Diskusfischen kann man besser einen Tag abwarten und mit dem Füttern erst am Tag nach dem Transport beginnen.
Werden alle diese Ratschläge beachtet, so macht Diskuskauf Spaß und ein gewisser Erfolg ist sichergestellt.

Was ist beim Kauf von Diskusfischen zu beachten?

Merkmale für gesunde Diskusfische sind aktives Schwimmen und Interesse für Futter.

Welche körperlichen Merkmale kennzeichnen gesunde Diskus?

Das Auge darf im Verhältnis zum Körper nicht zu groß sein. Die Körperform muß rund sein. Die Stirnpartie muß bullig und nicht eingefallen wirken.

Kann ich langestreckte ausgewachsene Diskus kaufen?

Davon ist abzuraten, da diese Fische wachstumsgeschädigt sind.

Vererbt sich diese längliche Form?

Wachstumsschäden vererben sich zwar nicht, dennoch sollte aber auf die Weiterzucht verzichtet werden.

Kann mit länglichen Diskusfischen gezüchtet werden?

Fische, die zur Nachzucht ausgesucht werden, sollten optimal sein. Natürlich könnten Diskus mit außergewöhnlichen Merkmalen, trotz eines Wachstumsschadens für Zuchtzwecke verwendet werden. Die Nachkommen werden bei gesunder Aufzucht zu runden Diskusfischen heranwachsen.

Kann ich Diskusfische mit gelben Augen kaufen?

Bevorzugen Sie Fische mit roten Augen, da diese Färbung attraktiver und ein Zuchtziel ist. Es gibt Wildfangdiskus mit gelben Augen, also kann man das gelbe Auge als von Natur aus gegeben akzeptieren.

Vererben sich die gelben Augen?

Ja, jedoch überwiegen bei Mischpaarungen die roten Augen bei den Nachkommen. Beim Einkreuzen von gelbäugigen Diskus konnte festgestellt werden, daß die roten Augen des Partnerfisches immer überwogen. Haben dagegen beide Eltern gelbe Augen, ist die Wahrscheinlichkeit, das sich diese Farbe vererbt sehr hoch.

Woher kommen die Diskusfische, die auf dem deutschen Markt sind?

Einige Großhändler haben sich auf den Handel mit Diskusfischen spezialisiert. Sie kaufen meist gute Nachzuchten von deutschen Züchtern auf. Nach wie vor werden aber noch viele Nachzuchten aus Asien eingeführt.

Wie teuer sind Diskusfische in etwa?

Diese Frage ist schwer pauschal zu beantworten. Im Zoofachhandel sind Jungfische mit ca. 5 cm Länge vom Kopf zum Schwanz zwischen 20.- und 50.-DM zu haben. Diese Fische sind etwa acht bis zehn Wochen alt. Einjährige Diskus erzielen Preise zwischen 200.- und 500.-DM. Entscheidend für den Preis wird immer die Farbe und auch die Form sein. Leider wird oft die Farbe überbewertet.

GESCHLECHTSBESTIMMUNG UND PAARZUSAMMENSTELLUNG

Leider besitzen Diskusfische keine typischen Geschlechtsmerkmale und somit ist es sehr schwierig, Paare zu bilden. Aus diesem Grund wird auch oft empfohlen, eine größere Gruppe von Jungfischen selbst aufzuziehen, damit sich dann Paare zusammenstellen können, die miteinander harmonieren. Das Aufziehen von Jungfischen ist jedoch nicht so einfach und außerdem will man ja oft als Züchter nicht so lange auf Zuchterfolge warten. Also ist der Kauf von erwachsenen Diskusfischen, die bereits zuchtreif sind, angesagt. Jetzt aber loszugehen und ein Diskuspärchen zu kaufen, ist nicht ganz einfach. Sicherlich werden immer wieder Diskuspaare angeboten, doch die Frage bleibt, ob dieses Pärchen dann auch wirklich bei Ihnen zu Hause im Aquarium erfolgreich ablaichen wird. Selbst wenn es sich tatsächlich um ein Männchen und um ein Weibchen handelt, ist noch nicht garantiert, daß dieses Paar irgendwann zusammen ablaichen wird. Diskusfische sind Cichliden und bei dieser Fischgruppe ist es ja oft so, daß richtige Fischehen geführt werden. Ist sich ein Pärchen sympatisch und laicht miteinander ab, so wird es dies für ein ganzes Fischleben tun. Solche Paare, die sehr gut miteinander auskommen, sollten auch nicht wieder getrennt werden, denn meist ist es schwierig, einen neuen Partner erfolgreich dazuzusetzen.

Zu einer einigermaßen sicheren Geschlechtsbestimmung bei Diskusfischen gehört eine große Portion an Erfahrung mit diesen Fischen. Rückschlüsse auf das mögliche

Bei diesem Aquarium wurde der Hintergrund mit Glasscheiben deutlich vom Vordergrund abgegrenzt und bepflanzt. So ist es möglich, im Vordergrund die Fische zu füttern und Futterreste leicht abzusaugen und dennoch nicht auf Pflanzen zu verzichten.
Foto: Aqualife Taiwan

Geschlecht werden meist mit dem körperlichen Erscheinungsbild begründet. So neigen Diskuskenner automatisch dazu, kräftige und große Diskusfische als Männchen einzustufen. Die kräftigere Körperform, der mächtigere Kopf und eventuell die stärkere Beflossung mag schon oft ein solch untrügliches Zeichen sein, jedoch kann man sich auch hier nicht absolut darauf verlassen. Es ist zwar tatsächlich meist so, daß in Gruppen von Geschwisterfischen die größeren Tiere auch Männchen sind. Doch auch hier bestätigt die Ausnahme immer wieder die Regel. Allerdings ist es einem erfahrenen Züchter schon möglich, aus einer größeren Gruppe von Geschwistern, mit einiger Zuverlässigkeit die Geschlechter zuzuordnen. Die gleichaltrigen Männchen sind größer und besonders die Kopfpartie fällt durch eine deutlich bulligere Form auf. Betrachten Sie solche Fische von vorne, so ist besonders auf die Kopfpartie ein Augenmerk zu werfen. Von der Seite betrachtet, erscheinen die Köpfe der Weibchen etwas spitzer zuzulaufen. Bei der Beflossung kann besonders auf die Rückenflosse geachtet werden, denn diese ist bei Männchen gerne etwas spitzer zulaufend und auch manchmal fahnenartig erweitert. Die Schwanzflosse der Männchen erscheint im Vergleich etwas breiter und kräftiger als die der Weibchen. Die lang ausgezogenen Bauchflossen der Diskusfische werden von den Züchtern immer kritisch betrachtet, denn hier vermutet man die länger ausgezogenen Flossen immer bei den Männchen. Jedoch ist die Länge dieser Bauchflosse auch von Zuchtform zu Zuchtform etwas unterschiedlich. Zieht man alle diese Anhaltspunkte die möglicherweise auf eine Geschlechtsbestimmung hinweisen zu Rate, so kann man mit Erfahrung und entsprechenden Vergleichsfischen, durchaus eine Prognose wagen. Jetzt aber willkürlich ein Pärchen zusammenzusetzen, ist nur eine Möglichkeit, um eventuell zu einem Zuchtpaar zu kommen. Es kann, aber es muß nicht funktionieren mit dem Ablaichen. Sollten die Diskusfische innerhalb von vier Wochen keine Anzeichen eines Laichgeschäfts zeigen, können Sie wieder getrennt werden, denn dann ist die Wahrscheinlichkeit eher gering, daß sie zusammenpassen. Streiten sie sich sogar unaufhörlich, sollte man besser gleich das „Paar" wieder trennen.

Voraussetzung für eine gelungene Diskuszucht ist immer ein gut harmonierendes Diskuspaar. Am besten ist es, wenn sich das Pärchen selbst finden kann und sich dann zum ablaichen entschließt. In der Regel sind bei Diskuspaaren die Weibchen etwas zierlicher im Körperbau, jedoch darf man sich nicht absolut auf diese Körpermerkmale verlassen.

Paare, die sich nicht selbst gefunden haben und nicht so harmonisch miteinander umgehen, wie es in einer guten Fischehe sein sollte, können zwar miteinander ablaichen, aber oft kommt es dann im Verlauf der Eientwicklung zu Problemen wie Eierfressen oder sogar das Auffressen der jungen Larven. Solche Pärchen streiten sich dann auch sehr häufig um die Eier oder um die Larven, was zu deren Fressen führt. Eines der Tiere dann herauszunehmen ist jedoch auch keine optimale Lösung, denn es wäre viel vernünftiger, ein Paar zu besitzen, welches ohne Streitereien willig ablaicht und die Larven aufzieht.

Unmöglich ist eine Geschlechtsbestimmung bei kleineren und halbwüchsigen Diskusfischen. Um vielleicht zu vermeiden, ausschließlich junge Diskusmännchen zu kaufen, ist es schon sinnvoll, aus einem Schwarm gleichaltriger Diskusfische Tiere mit unterschiedlicher Größe zu kaufen. Es könnte durchaus möglich sein, daß wenn man ausschließlich die großen Fische aus der Gruppe heraussucht, in erster Linie Diskusmännchen erwirbt. Dann hat man später das Problem, daß man ein Dutzend erwachsene Fische hat, von denen die allermeisten Diskusmännchen sind. Und wie soll man ohne größere Probleme jetzt dazupassende ausgewachsene Weibchen finden? Der Hang zum Kauf der größten Fische ist sicherlich auch Schuld daran, daß die meisten Diskusfreunde in ihren Zuchträumen ein Überangebot von Männchen besitzen.

Noch schwieriger ist die Unterscheidung der Geschlechter bei Wildfangdiskus. Es fängt schon mit der Schwierigkeit an, das annähernde Alter dieser Fische zu bestimmen und hier kann man sich meist nur auf die Größe des Auges verlassen. Alte Diskusfische besitzen ein relativ großes Auge. Bei den Diskuswildfängen sind Merkmale wie Größe, bulliger Kopf, größere Flossen oder intensive Farben, absolut keine Merkmale für eine Geschlechtszuordnung. Wildfangdiskus sind in der Regel etwas kleiner als Nachzuchtfische, was vielleicht daraus resultiert, daß sie ja nicht unter optimalen Futterbedingungen in der Natur leben müssen. Ein Diskus im Heimaquarium wird mehrmals täglich mit bestem Futter verwöhnt, während der Wildfangdiskus sich mühsam um seine wenigen Futterbrocken bemühen muß.

Gelingt es, ein Diskuspärchen zur Nachzucht zu bewegen, dann ist jetzt der Zeitpunkt gekommen, das Geschlecht endgültig und sicher festzustellen. Die Weibchen besitzen eine breitere und dickere Legeröhre und wenn man das Glück hat, während der Eiablage anwesend zu sein, dann ist sowieso alles geklärt. Manchmal kann es auch vorkommen, daß zwei Weibchen gemeinsam ablaichen und der verblüffte Züchter, der dies nicht bemerkt, denkt er habe ein Pärchen im Aquarium, doch dem war nicht so.

Sie sehen also, daß es sehr schwierig ist, Diskusfische nach ihrem Äußerem geschlechtlich einzuordnen und willkürlich zu Paaren zusammenzustellen. Besser wird es also immer sein, wenn Sie mehrere erwachsene Tiere miteinander in einem großen Aquarium schwimmen lassen, damit sich nach der Geschlechtsreife Paare zusammenstellen können. Mit solchen Paaren erzielen Sie dann sicherlich auch gute Zuchtergebnisse.

Wie läßt sich das Geschlecht von Diskusfischen feststellen?

Den Diskusfischen fehlen natürliche Geschlechtsmerkmale, die zuverlässig sind. Und deshalb kann nur aus der Erfahrung heraus, mit einiger Sicherheit das Geschlecht prognostiziert werden.

Gibt es äußerliche Geschlechtsmerkmale?

Die Antwort muß eigentlich Nein lauten, jedoch kann aus langjähriger Erfahrung gesagt werden, daß in der Regel die Diskusmännchen etwas größer werden können und auch eine bulligere Erscheinung zeigen. Dies macht sich besonders im Kopfbereich bemerkbar, wo Männchen dann eine größere Stirnpartie zeigen als die Weibchen. Auch können die Flossen bei den Männchen manchmal stärker ausgezogen sein. Jedoch darf man sich nicht hundertprozentig auf solche Merkmale verlassen.

Kann man am Verhalten der Fische auf das Geschlecht schließen?

Auch hier muß die Antwort Nein lauten, denn es ist wirklich nicht so, daß Diskusmännchen immer kämpfen und die Weibchen ruhig im Aquarium stehen. Oft ist es sogar so, daß gerade die Weibchen sich besonders im Kampf hervortun und auch ein körperlich überlegenes Männchen durchaus in Schach halten können.

Wie läßt sich aus einem Schwarm großer Diskusfische ein Pärchen herausfangen?

Es ist äußerst schwierig, hier ein Paar zu bestimmen, jedoch können Sie es einmal versuchen, sich für eine längere Zeit vor das Aquarium zu setzen und die Tiere genau zu beobachten. Möglicherweise läßt sich am Verhalten der Diskusfische ein Pärchen zusammenstellen, welches dann im Zuchtaquarium sich auch tatsächlich als Paar erweisen kann. Bei gleichaltrigen Geschwistertieren ist es in der Regel so, daß die Männchen größer und stabiler erscheinen und die Weibchen in der Körperform etwas zierlicher sind.

Was ist beim Kauf von halbwüchsigen Diskusfischen zu beachten, im Hinblick auf die spätere Paarzusammenstellung?

Bei halbwüchsigen Diskusfischen ist es fast unmöglich, eine Prognose zu stellen, was das Geschlecht betrifft. Am günstigsten ist es deshalb, mehrere Exemplare zu erwerben und gemeinsam großzuziehen, damit später eine natürliche Paarbildung erfolgen kann. Leider kaufen Diskusliebhaber immer die größten Fische aus einem Schwarm jüngerer Diskus heraus und später müssen sie dann feststellen, daß sie fast nur Männchen erworben haben. So ziemlich alle Diskuszüchter die ich bisher kennengelernt habe, hatten das gleiche Problem, nämlich zuviele Männchen und zuwenig Weibchen. Es empfiehlt sich deshalb dringend, beim Kauf eines Jungfischschwarmes auch solche Fische zu erwerben, die optisch kleiner erscheinen, denn die Chance hier Weibchen zu kaufen ist sehr groß.

Ist es möglich bei Diskuswildfängen das Geschlecht zu bestimmen?

Bei Wildfängen ist es viel schwieriger als bei Nachzuchtdiskus eine Aussage über das mögliche Geschlecht zu machen. Da bei Diskuswildfängen nur Vermutungen über das mögliche Alter gemacht werden können, ist es nicht möglich, aufgrund des Alters auf die körperliche Verfassung und das Geschlecht zu schließen. Alte Diskusfische besitzen im Verhältnis zur Körpergröße ein relativ großes Auge. Bei jungen Diskusfischen ist es so, daß diese ein kleineres knopfähnliches Auge haben sollten. Bei Wildfängen sind die Flossen bei beiden Geschlechtern völlig identisch in der Form und im Aussehen, so daß dies auch kein Hilfsmittel ist. Da Wildfänge in der Fangstation oft für mehrere Monate unter ungünstigen Fütterungsbedingungen gehalten werden, kann auch über die Körpergröße oder Verfassung kein Rückschluß auf das Geschlecht gezogen werden.

Können die Geschlechter beim Laichakt gut unterschieden werden?

Diese Frage kann mit Ja beantwortet werden, denn das Diskusweibchen legt mit seiner größeren, breiteren und aus dem Körper stärker hervortretenden Laichpapille die Eier auf die Laichunterlage ab. Die Genitalpapille des Männchens ist etwas kleiner und läuft spitzer zu. Beim Laichakt können Sie also sehr einfach die Geschlechter unterscheiden. Es ist dann auch bei mehreren Fischen günstig, diese zu fotografieren, um spätere Verwechslungen auszuschließen.

Bei in Gruppen gehaltenen Diskusfischen ist eine Paarbildung einfacher zu erzielen!
Foto: R. Kilian

Auch bei asiatischen Nachzuchten ist es in der Regel so, daß die männlichen Diskus etwas größer und bulliger wirken.

Bei Wildfängen ist die Geschlechtsbestimmung nicht möglich, denn äußerliche Merkmale sind noch weniger vorhanden, als dies bei Nachzuchten der Fall ist.

Aquarienfilterung

Diskuszucht und Hälterungsaquarien in den Südostasiatischen Hochburgen der Diskuszucht besitzen in der Regel keine Filtersysteme. Daß dies so ist, liegt daran, daß die Asiaten einfach täglich riesige Wassermengen im Aquarium wechseln. So ist logischerweise auch eine Filterung nicht notwendig. Anders sieht es jedoch in unseren europäischen Diskusaquarien aus, denn schon alleine aus Kosten- und Temperaturgründen können wir nicht täglich riesige Mengen Wasser in den Aquarien wechseln. Die Nützlichkeit einer guten Filteranlage für ein Diskusaquarium dürfte somit jedermann einleuchten und gute Filter sind für unsere Aquarien somit obligatorisch. Selbst wenn in einem Aquarium regelmäßig ein größerer Wasserwechsel durchgeführt wird, ist es im Aquarienbetrieb günstig, eine ausreichend dimensionierte Filterung zu installieren. Neben der Säuberungsleistung einer Filterung spielt auch die Strömung des Wassers eine große Rolle für das Wohlbefinden der Fische, denn sie stammen schließlich aus Fließgewässern, wo sie auch solche natürlichen Gegebenheiten vorfinden und ihre Schwimmweise natürlich anpassen mußten. Eine gute Aquarienfilterung stabilisiert außerdem die Wasserbedingungen in diesem kleinen Naturausschnitt und ist somit fast unentbehrlich.

Die Leistung eines Filtersystems muß der zu filternden Wassermenge entsprechend angepaßt werden. Keinesfalls darf ein Filter zu groß gewählt werden, wenn es sich um ein bepflanztes Aquarium handelt, denn Aquarienpflanzen benötigen Kohlendioxid für ein gutes Wachstum und dies würde durch einen starken Filter nur unnötig wieder aus dem Wasser getrieben.

Aquarienwasser muß leben und deshalb ist es auch nicht möglich, daß es glasklar aussieht, denn biologisch intaktes Wasser ist nicht wirklich glasklar, sondern besitzt immer einige feine Trübungen. Natürliches Wasser im Biotop unserer Aquarienfische ist niemals völlig klar, sondern zeigt immer eine mehr oder weniger starke Trübung durch feines Plankton. In jedem Aquarium sind Bakterien aktiv, die sowohl im Wasser, als auch im Bodengrund leben. Diese Bakterientätigkeit ist teilweise sehr langsam und gerade im Bodengrund laufen anaerobe Filterprozesse ab, die wir gar nicht bemerken.

Das Ziel einer mechanischen Filterung im Aquarium ist das Herausfiltern von Schwebstoffen aus dem Aquarienwasser, welche dieses eintrüben können. Diese Schwebstoffe bestehen im Aquarium hauptsächlich aus Ausscheidungen der Fische, Futterüberresten sowie abgestorbenen Pflanzenteilen. Diese optische Verschmutzung des Wassers kann durch mechanisch wirkende Filter schnell herausgefiltert werden. Doch nur mit dem Herausfiltern sichtbarer Schmutzteile ist es nicht getan. Wichtig ist der biologische Ab- und Umbau von Verschmutzungen durch biologische Vorgänge. Aquarianer setzten deshalb auch gerne sogenannte Biofilter ein.

Lassen Sie uns die beiden wichtigen Filterverfahren der mechanischen und biologischen Filterung miteinander vergleichen.

Unter mechanischer Filterung wird eine Art „Siebfilterung" verstanden, die die Aufgabe hat, größere

In einer professionellen Diskuszuchtanlage wird die Aquarienfilterung, sowie der Zu- und Ablauf von Frischwasser, über ein Rohrsystem geregelt. Dies erleichtert die Arbeit doch erheblich und dieser Züchter hat zusätzlich aus Kostengründen auch noch Halogenlampen eingebaut, die wesentlich weniger Strom verbrauchen.

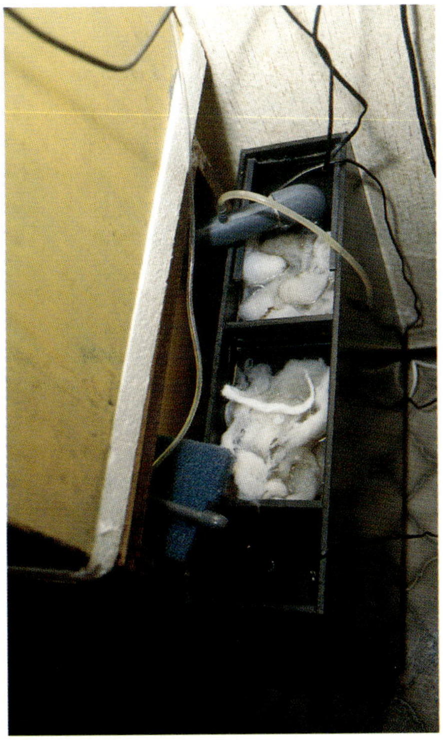

Beim Filtern von Diskusaquarien lassen sich die Liebhaber allerhand einfallen. Die alte Methode der Filterung ist immer noch der einfache Durchflußfilter mit Filterwatte oder Filterschwämmen. Teilweise steht der Filter neben oder unter dem Aquarium. Solche Filter lassen sich aber auch in Schrankaquarien einbauen, die im Wohnbereich aufgestellt sind. Der Fantasie sind hier fast keine Grenzen gesetzt.

Schmutzpartikel herauszufiltern. Ein mechanischer Filter besitzt eine relativ grobe Maschenweite und deshalb ist er nicht in der Lage, im Wasser gelöste Stoffe herauszufiltern. Aus diesem Grunde werden mechanische Filter in der Aquaristik meist als Vorfilter oder unterstützende Filter benutzt. Durch den Einsatz eines mechanischen Filters können Sie zum Beispiel die Standzeit eines Biofilters erheblich verlängern, denn ein Großteil des Schmutzes wird ja durch diesen mechanischen Filter herausgenommen und somit wird der Biofilter geschont. In mechanischen Filtern wird meist Perlonwatte oder grobere Schwämme, sowie ähnliches Filtermaterial eingesetzt. Diese relativ groben Filtermaterialien können also nur grobe Verschmutzungen entfernen. Aus diesem Grunde müssen mechanische Filter auch regelmäßig gereinigt werden, denn sonst verlieren sie schnell ihre Wirkung.

Neben diesen üblichen mechanischen Filtern, gibt es auch mechanische Feinfilter, die mit einer Diatomeenerde beschichtet sind. Mit Hilfe von kräftigen Pumpen kann dieser sogenannte Kieselgurfilter sehr feine Partikel herausfiltern. Es wäre somit möglich, ein stark getrübtes Wasser innerhalb weniger Stunden kristallklar zu filtern. Allerdings bedürfen diese speziellen Kieselgurfilter einer aufwendigen Wartung und für den Dauereinsatz sind sie nicht gedacht. Sie können zum Einsatz in Aquarien mit erkrankten Fischen verwendet werden, wenn dort Diskus von schwärmenden Ektoparasiten wie zum Beispiel Ichthyophthirius befallen werden.

Werden mechanische Filter zu lange eingesetzt, beginnen auch sie nach und nach mit einer Art biologischen Filterung. In stark besetzten Aufzuchtaquarien für Diskusjungfische ist der Einsatz eines solchen mechanischen Schnellfilters gerechtfertigt, wenn vor allem Futterreste und Kotverunreinigungen regelmäßig entfernt werden müssen. Jedoch ersetzt ein solcher mechanischer Filter nicht den gleichzeitigen Einsatz eines Biofilters und oft ist die Kombination dieser beiden Filtersysteme die ideale Lösung.

Bei Diskusliebhabern sind sogenannte biologische Filter sehr häufig im Einsatz. In sogenannten Biofiltern, laufen biologische Abbauprozesse ,durch Mikroorganismen ausgelöst, ab. Solche Biofilter können erst nach einer längeren Einlaufzeit von mindestens zehn bis zwanzig Tagen vollwertig arbeiten. Auch dies ist ein Grund dafür, ein Biofiltersystem mit einem zweiten Filtersystem zu kombinieren. Keinesfalls dürfen Sie jedoch Ihre Fische schon in größeren Mengen in Aquarien einsetzen, die mit einem völlig neuen Biofilter gestartet wurden. Inzwischen gibt es im Zoofachhandel jedoch Filterzusätze, die das Einfahren eines solchen Biofilters beschleunigen. Hierbei handelt es sich um Mikroorganismen die einfach in das Aquarium gegeben werden. Durch den Einsatz von gebrauchtem Filtermaterial, welches ja geradezu voll mit Kleinstlebewesen ist, können Sie dessen Einlaufzeit beschleunigen. Selbstverständlich muß dieses gebrauchte Filtermaterial aus Aquarien stammen, in welchen keinerlei Krankheitserreger vorhanden sind. Die Leistung eines solchen Biofilters muß sich proportional zum Volumen des Aquariums verhalten. Unter den

Biofiltern gibt es sogenannte Langsam- und Schnellfilter. Diskusliebhaber benutzen sehr gerne Kammerfilter. Hier wird das zu filternde Wasser über mehrere Kammern mit verschiedenen Filtermaterialien geleitet. In der Regel ist es dann so, daß in der ersten Kammer Filterwatte als Vorfilter eingesetzt wird. Diese Filterwatte kann zum Beispiel wöchentlich ausgewechselt oder gründlich gereinigt werden. Durch diese Vorfilterung wird der grobe Schmutz regelmäßig aus dem Aquarium wieder entfernt. In den nachgeschalteten Filterkammern befinden sich dann je nach Auffassung des Aquarianers zum Beispiel Keramik- oder Sinterglasröhrchen oder verschiedene aufgeschäumte Schwämme aus Polyester oder Polyurethan. Das Angebot an Filtermaterialien ist fast unerschöpflich und jeder findet hier seine bevorzugten Einsatzstoffe.
Andere Biofilter werden horizontal ausgeführt und bei diesem Prinzip läuft das Wasser aus den Aquarien von oben in den Mehrkammerfilter ein. Hier können verschiedene Filtermaterialien in Lagen eingeschichtet werden und durch eine Zwangsverteilung der Wassermenge ist gewährleistet, daß alle Schichten gleichmäßig durchflossen werden. In einem Becken am Boden dieses Filtersystems sammelt sich das gereinigte Wasser und wird mit Hilfe einer Pumpe wieder nach oben in das Aquarium befördert. Im Prizip handelt es sich hier um ein ähnliches Filtersystem wie beim Mehrkammerfilter. Da jedoch das Wasser in den horizontalen Lagen nur einen kurzen Kontakt mit den Filtermaterialien besitzt, aber ausreichend Sauerstoff zur Verfügung steht, kommt es hier zu einem Schadstoffabbau durch aerobe Filterbakterien. Man spricht dann auch von aerober Filterung, bei welcher immer gelöster Sauerstoff vorhanden ist. Im Gegensatz zur aeroben Filterung gibt es noch die anaerobe Filterung ohne gelösten Sauerstoff. In einem anaeroben Filter sind die meisten Teile des Filters sehr sauerstoffarm oder sogar sauerstofffrei. Dies kann nur durch einen sehr langsamen Wasserdurchlauf erzielt werden. Diese Langsamfilter sind durchaus wirksam, jedoch in der Aquaristik wenig verbreitet. Wahrscheinlich setzt sich bei Aquarianern immer der Gedanke fest, je mehr Wasser in einem Filter bewegt wird, desto besser ist es. KRAUSE geht in seinem neu überarbeiteten „Handbuch Aquarientechnik" aus dem bede-Verlag sehr ausführlich auf die verschiedensten Filtermethoden und ihre Vor- und Nachteile ein.
In der Aquaristik hat sich der Einsatz vertikaler Filter am meisten durchgesetzt. Diese Filter haben den Vorteil, daß sie direkt in das Aquarium oder an das Aquarium angehängt oder eingestellt werden können. Durch diese einfache Installation, die natürlich auch die Reinigungsarbeiten erleichtert, haben die Filter einen großen Vorteil. Die Filterung erfolgt meist über einen Schaumstoffblock, der in verschiedenen Porungen in ein Kunststoffgehäuse eingesetzt wird. Mittels einer Wasserpumpe wird das Filterwasser angesaugt und in das Aquarium gepumpt. Die Durchflußgeschwindigkeit ist meist sehr groß. Wichtig im täglichen Betrieb ist es, daß die Filtermaterialien beim Reinigen des Filters nicht komplett ausgewaschen werden. Dieser Tatsache tragen die meisten Firmen Rechnung, indem sie mehrere Schaumstoffblöcke in einen Filter einsetzten, so daß immer wenigstens ein Schaumstoffblock mit den wichtigen Bakterien ungereinigt im Filter verbleiben kann. Für Diskuszüchter ist es wichtig, daß alle diese Filter keine Jungfische ansaugen können. Notfalls muß man sich mit einem Stück Schaumstoff, welches über den Ansaugstutzen gestülpt wird, behelfen.
Welche Filtermaterialien für Diskusfische geeignet sind, ist auch abhängig vom Zweck, den man erreichen möchte. Zum Beispiel wäre es unsinnig, in ein Zuchtaquarium Filtermaterial zu geben, welches den Leitwert und somit den osmotischen Durck erhöht. Das Filtermaterial darf also keinerlei mineralische Stoffe an das Wasser abgeben.
Ist die Oberflächenstruktur eines Filtermaterials sehr porös, so bietet es sehr viel Lebensraum für die Bakterien,welche sie besiedeln können, um den organischen Abbau zu beginnen. Ist ein Filtermaterial jedoch sehr geschlossen, so ist die Besiedlungsfläche entsprechend klein und das zu filternde Wasser fließt sehr schnell am Filtermaterial vorbei. Neuartige Filtermedien, wie zum Beispiel Sinterglasröhrchen, tragen dieser Forderung Rechnung und bieten eine sehr große poröse Oberflächenstruktur. Ganz grob lassen sich die Filtermaterialien in drei Gruppen einteilen:
1. Natürliche Filterstoffe, wie Lavasteinchen, Bimssteinstücke, Muschelbruch, Torffasern oder Aktivkohle.
2. Aus Naturprodukten hergestellte Röhrchen wie zum Beispiel Keramik- oder Glasröhrchen sowie Tonprodukte.
3. Synthetische Filtermaterialien, die meist auf der Grundlage von Polymerverbindungen in verschiedensten Formen angeboten werden. Dazu gehören Kunststoffkugeln mit Löchern oder auch die unendliche Palette von Schaumstoffen in verschiedenster Dichte. Gerade die Schaumstoffe sind zur Zeit sehr beliebt.

Während die Filtermaterialien wie Keramik- oder Glasröhrchen sowie Polymerschaumstoffe oder Filterwatte keinerlei Stoffe an das Aquarienwasser abgeben, gibt

Die verschiedensten Filtersysteme lassen sich in Diskusaquarien einsetzen. So ist es auch möglich, einen Innenfilter zu wählen, über dessen innenliegende Kammern das Aquarium gefiltert wird. Beliebtes Filtermaterial für diese Filterkammern sind Schaumstoffschwämme, die leicht zu reinigen sind. Allerdings sollte die Reinigung nur unter lauwarmen Wasser geschehen, damit die restlichen im Filtermaterial verbleibenden Bakterien nicht geschädigt werden. Auch sollte niemals der gesamte Filterblock gereinigt werden, da dies einer Neueinrichtung gleichkäme.

es aber auch Filtermaterialien, die erheblichen Einluß auf das Wasser ausüben. Denken Sie hierbei zum Beispiel an Torf, wie er ja sehr gerne bei Diskusaquarien verwendet wird. Torf ist also ein zusätzliches Filtermedium, welches im Wasser Veränderungen hervorruft. Nicht nur daß bei größeren Torfmengen im Filter die Farbe des Wasser leicht ins bräunliche beeinflußt wird, nein auch der pH-Wert wird verändert. Torf hat eine ansäuernde Wirkung und es ist zum Beispiel möglich, den pH-Wert über einen längeren Zeitraum schonend und kontinuierlich abzusenken.
Eine viel größere Bedeutung kommt aber der Aktivkohle als Filtermaterial zu, denn hier haben wir ein Filtermedium an der Hand, mit welchem wir aus dem Wasser unerwünschte Stoffe sehr gut entfernen können. Denken Sie nur einmal an die Krankheitsbehandlung von Diskusfischen. Befinden sich Medikamente zur Behandlung im Wasser, so müssen diese nach Abschluß der Behandlung wieder entfernt werden. Zwar ist es möglich, über einen Teilwasserwechsel diese Medikamente entsprechend zu verdünnen, jedoch völlig entfernen erscheint fast aussichtslos. Hier ist der Einsatz von Aktivkohle gefragt, denn die Aktivkohle bindet sehr schnell die Medikamente und entfernt sie restlos aus dem Aquarium.
Aktivkohle ist eigentlich nichts anderes als Holzkohle, jedoch wird der in der Aquaristik verwendeten Aktivkohle eine außergewöhnliche Saugfähigkeit und Bindefähigkeit von Gasen und Flüssigkeiten bei der Herstellung mitgegeben. Spezielle Aquarienkohle besitzt eine unglaubliche Oberfläche von etwa 100 qm/g Aktivkohle. Wenn Sie sich dies einmal vorstellen, können Sie nachvollziehen, welche riesigen Mengen von feinsten Schwebepartikeln in solch einer Aktivkohle gebunden werden können. Aktivkohle hat eine enorme Filterwirkung, jedoch kann Aktivkohle nicht unterscheiden, zwischen wertvollen Pflanzendüngerzusätzen und unerwünschten Trübstoffen. Deshalb wird Aktivkohle in der Regel nur dann eingesetzt, wenn das Aquarienwasser ganz speziell gereinigt werden soll. Leider ist es so, daß Aktivkohle bereits nach 48 Stunden den höchsten Sättigungsgrad erreicht hat und dann wirkungslos wird. Jetzt heißt es also, dieses Kurzzeitfiltermedium wieder aus dem Aquarienfilter zu entfernen. Aktivkohle stabilisiert auch den pH-Wert und Aquarien mit sehr niedrigen pH-Werten können durch den kurzzeitigen Einsatz von kleinen Mengen Aktivkohle wieder etwas stabilisiert werden.
Sie sehen also, daß Sie bei der Filterung ihres Aquariums unendlich viele Möglichkeiten haben und somit Ihren Diskusfischen ein optimales Wassermilieu anbieten können.

Welches Filtersystem ist für Diskusfische am besten geeignet?

Die Antwort ist abhängig von der Art der Hälterung.

Welches Filtersystem ist für die Hälterung von Diskusfischen geeignet?

Bei der ausschließlichen Hälterung zielt der Diskusbesitzer darauf ab seine Fische gut zu füttern, damit sie schnell heranwachsen. In diesem Falle wäre ein großer Außenfilter vorteilhaft. Das Filterbecken kann idealerweise unter dem Aquarium installiert werden. Durch ein Überlaufrohr läuft das Wasser in die Filterkammern, durchfließt dort verschiedene Filtermedien, um dann wieder in das Aquarium gepumpt zu werden. Die meisten Profizüchter filtern auf diese Weise.

Kann noch auf andere Weise bei der Hälterung gefiltert werden?

Es würden sich noch größere Topffilter, wie Eheim, eignen. Allerdings wäre dann in großen Aquarien und bei hoher Besatzdichte der zusätzliche Einsatz eines Schnellfilters, z.B Tunze, günstig. So könnten grobe Verunreinigungen schnell entfernt werden, und die Standzeiten des Topffilters würden verlängert.

Ist der Einsatz von Rieselfiltern bei Diskusfischen sinnvoll?

Der Einsatz ist umstritten, da bei sehr sauerem Wasser der Schadstoffabbau im Filter nicht einwandfrei abläuft. Dennoch werden sehr gerne Rieselfilter von Diskuszüchtern eingesetzt.

Welches Filtermaterial kann bei Diskusfischen eingesetzt werden?

Im Prinzip ist jedes Material geeignet, welches keine unnötigen Härtebildner an das Wasser abgibt.

Gibt es besonders gut geeignetes Filtermaterial?

Sehr gut geeignet sind Filterwatte, Tonröhrchen, Keramikröhrchen, Lavalitgestein und Plastikfilterbälle.

Wie verhält es sich mit Plastikfiltermatten?

Diese Matten sind in verschiedener Porengröße erhältlich. Im Fachhandel gekaufte Matten sind unbedenklich und können sehr gut eingesetzt werden.

Was ist beim Einsatz von Filtermatten zu beachten?

Das Material darf nicht zu fein sein, da es sich sonst sehr schnell zusetzen kann und der Filter verstopft. So könnte es zu Problemen und Defekten kommen. Feinere Matten müssen regelmäßig mit lauwarmem Wasser ausgespült werden.

Welche Aufgabe hat die Aktivkohle?

Sie filtert die Medikamentenrückstände heraus. Ein bis zwei Tage sind hierfür angemessen.

Was geschieht nach dem Herausfiltern der Medikamente mit dem Aquarium?

Jetzt kann der „alte", inzwischen blind gelaufene Außenfilter wieder in Betrieb genommen werden. Sofort nach dem Einschalten in den Aquarienkreislauf werden die Bakterien des großen Außenfilters wieder für gute Wasserverhältnisse sorgen und die behandelten Fische weiter stabilisieren.

Kann es so aber nicht zu neuer Infizierung der Fische durch das Filterwasser kommen?

Diese Gefahr ist sehr gering. Jedoch eignen sich einige Medikamente, wie z.B. Flubendazol oder Metronidazol auch zu einem Einsatz während der Filter angeschlossen bleibt. Antibiotika hingegen schädigen eingefahrene Filter sehr.

Wie lange können Außenfilter am Aquarium angeschlossen bleiben, ohne daß sie gereinigt werden?

Empfehlenswert ist der Einsatz eines Vorreinigers. Das heißt, daß zum Beispiel Filterwatte als erste Durchlaufschicht eingesetzt wird. Diese wird dann wöchentlich ausgetauscht. Sehr bewährt haben sich bei offenen Außenfiltern auch Schaumstoffmatten. Allerdings darf der Schaumstoff nicht zu feinporig sein, da er sich sonst schnell zusetzt. Zu grob darf er allerdings auch nicht sein, da sonst zuviele Schmutzpartikel durchgeschwemmt werden. Dann ist die Standzeit eines offenen Außenfilters sehr hoch. Bei Bestückung mit gutem Filtermaterial kann dieser Filter ohne weiteres ein Jahr laufen. Bei Teilreinigungen immer mit warmem Wasser arbeiten, damit die Bakterien nicht geschädigt werden.

Wie oft ist dieser Filterschaumstoff zu reinigen?

Je nach Fischbesatz und Fütterung täglich oder alle zwei bis drei Tage.

Welches Filtersystem ist für Zuchtaquarien geeignet?

Sehr geeignet sind Filter mit Schaumstoffpatronen, da hier keine Larven angesaugt werden können. Außerdem laufen diese Filter sehr langsam und ruhig. Sind die Jungfische etwa zwei Wochen alt und belasten das Wasser stärker, kann ein zweites Filtersystem angeschlossen werden. Es ist jedoch darauf zu achten, daß ein starker Filter immer noch die Jungen anziehen kann. Filtereinzug mit einem Sieb oder notfalls einem Nylonstrumpf sichern.

FILTERUNG IM ZUCHTAQUARIUM

Spezielle Diskuszuchtaquarien bedürfen auch einer besonderen Filtermethode. Da Zuchtaquarien meist geschlossene Einheiten darstellen, mit einem relativ geringen Wasserinhalt von etwa 100 bis 200 Litern ist es wichtig, den Besonderheiten eines solchen Aquariums Rechnung zu tragen. Während der Aufzucht der Jungfische in den ersten Tagen im Zuchtaquarium darf nur wenig Wasser gewechselt werden und deshalb ist ein gutes Filtersystem von großer Bedeutung. Bei einzelnen Zuchtaquarien haben sich einfache Schwamminnenfilter, die mit Luft betrieben werden, gut bewährt. Diese Schwamminnenfilter haben den Vorteil, daß es sich um sehr langsam laufende Wasserfilter handelt, die einen guten Nitratabbau durch Bakterien garantieren. Allerdings benötigen auch diese Schwammfilter einige Tage Zeit, um „einzulaufen". Erst dann erzielen sie bei gutem Bakterienbewuchs eine gute Filterwirkung. Solche Filterschwämme dürfen auch niemals restlos gereinigt werden, da sonst alle Bakterien zerstört würden. Es ist also besser, diese Schwämme unter lauwarmem Wasser kurz auszuspülen und dann in das Aquarium zurückzusetzen. Durch diese schonende Reinigung erreichen die Schwammfilter schnell wieder ihre optimale Filterwirkung. Für einzelne Zuchtaquarien können auch langsam laufende Außenfilter verwendet werden, die mit entsprechendem Filtermaterial zu bestücken sind. Auch hier kann in der Filterkammer des Außenfilters die Wasserbeschaffenheit im Zuchtaquarium beeinflußt werden. So wäre es durchaus möglich, durch den Einsatz von etwas Torf oder Torfgranulat im Außenfilter den pH-Wert leicht abzusenken. Durch den Einsatz von geringer Menge Filterkohle ließe sich dagegen schon der pH-Wert im Zuchtaquarium stabilisieren oder ein eingesetztes Medikament schnell wieder herausfiltern. Zum Nitratabbau in einem solchen Außenfilter sind wiederum Keramikröhrchen oder zum Beispiel Sinterglasröhrchen geeignet.

Da es jedoch sehr wichtig ist, bei der Filterung des Zuchtaquariums darauf zu achten, daß die kleinen Diskuslarven nicht in das Filtersystem eingesaugt werden können, müssen Sie hier Vorsorge tragen. Die Ansaugrohre sind durch entsprechende Schutzgitter oder aufgesteckte Schwämme zu verschließen.

Oft schließen Diskuszüchter, die mehrere Zuchtaquarien gemeinsam betreiben, diese Aquarien an einen einzigen Filterkreislauf an. Diese Gemeinschaftsfilterung hat Vor- aber auch Nachteile. Die Aquarien werden mit Hilfe von PVC-Rohren verbunden, über welche das gefilterte Wasser nachdem es einen Zentralfilter passiert hatte, wieder in die Aquarien zurückgepumpt wird. Der Zentralfilter besteht in der Regel aus einem Mehrkammerfilter mit den verschiedensten Filtermaterialien. Ein Vorteil dieser kombinierten Zuchtaquarien ist die mögliche Reizübertragung von Pheromonen, die ablaichende Paare abgeben und somit andere Pärchen beeinflußen, die noch nicht in Laichstimmung sind. Ein Vorteil ist auch die größere Wassermenge, die leichter bei geringeren pH-Werten stabil zu halten ist. Das biologische Gleichgewicht einer großen Wassermenge wirkt sich positiv auf die Stabilität des Wassers aus. Nachteile sind die mögliche Krankheitsübertragung in einer solchen Anlage und die dann fälligen Medikamenteneinsätze in entsprechender Menge, was schnell ins Geld gehen kann.

Welche Filtermethoden können für ein Zuchtaquarium empfohlen werden?

Die Art der Filterung ist von der Größe des Zuchtaquariums abhängig. Einzelne Zuchtaquarien mit 100-200 Litern Wasserinhalt können sehr gut mit einfachen Schwamminnenfiltern gereinigt werden. Größere Zuchtanlagen bei denen mehrere Aquarien hintereinander geschaltet sind, werden meist mit Zentralfiltern gereinigt.

Muß für Zuchtaquarien mit Zentralfilterung noch ein zweites Innenfiltersystem eingeplant werden?

Es empfiehlt sich in jedem Falle, für die zusammengeschalteten Zuchtaquarien noch ein einfaches Innenfiltersystem, wie zum Beispiel ein Schwammfilter vorzusehen, da so die Möglichkeit besteht, die einzelnen Zuchtaquarien von der Zentralfilterung abzuhängen, wenn zum Beispiel hier Jungfische geführt werden, bzw. wenn eine Behandlung notwendig erscheint, oder wenn beispielsweise sehr intensiv mit Artemiakrebschen gefüttert wird.

Bei der Filterung im Zuchtaquarium ist immer darauf zu achten, daß keine Jungfische angesaugt werden können. Es ist deshalb günstig, wenn solche Filter verwendet werden, die ein Ansaugen unmöglich machen. Im rechten Bild ist ein grober Schwamm als Ansaugschutz über den Filterstutzen gezogen worden. So wird verhindert, daß die Diskusbrut im Filter verschwindet, was sicherlich schon sehr oft der Fall war.

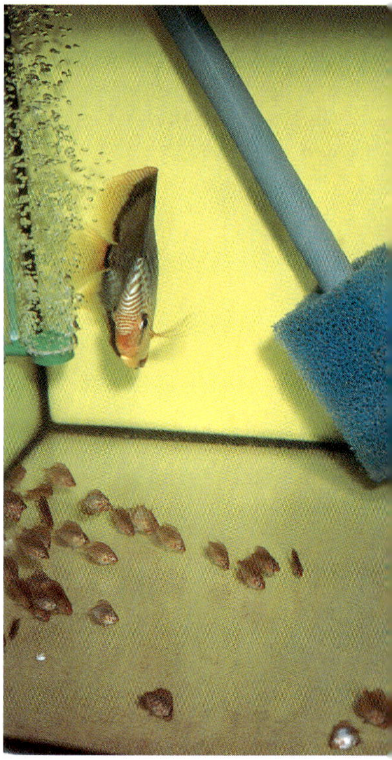

Welchen Vorteil hat ein größerer Zentralfilter?

Ein wesentlicher Vorteil ist die bessere Steuerung der Wasserzusammensetzung. So kann beispielsweise über Torfzugabe der pH-Wert in der gesamten Anlage leicht abgesenkt werden. Auch wird durch das größere Filtervolumen beispielsweise ein Nitratabbau in Gang gesetzt.

Welchen Vorteil haben Schwamminnenfilter?

Sie sind sehr leicht zu reinigen und besitzen trotz ihrer geringen Größe eine gute Filterleistung, außerdem besteht keine Gefahr für die Diskuslarven, daß sie im Filter abgesaugt werden könnten.

Welche Schutzmethoden sind bei der Verwendung eines Zentralfiltersystems im Zuchtaquarium vorzunehmen?

Damit die kleinen Diskusfische nicht im Filter verschwinden, sind alle Ansaugrohre mit Schwämmen zu überdecken, damit ein Ansaugen von Jungfischen unmöglich wird. Wegen der Filterleistung sind diese Schwämme von Zeit zu Zeit unter fließendem Wasser auszuwaschen, damit der Durchfluß des Wassers wieder gewährleistet ist.

TEMPERATUR UND HEIZUNG

Bei einem Besuch einer chinesischen Diskuszuchtanlage konnte ich eine der altertümlichsten Aquarienbeheizungen sehen die wir uns überhaupt vorstellen können. Mangels technischer Möglichkeiten mußte der chinesische Züchter alle seine Diskusaquarien mit Kohle beheizen. Dieses Beheizen funktionierte so, daß täglich einmal mit Hilfe eines großen Stücks Presskohle unter dem Aquarium in einer gemauerten Nische ein Feuer gelegt wurde. Jede Feuerstelle beheizte ein bis zwei Aquarien, die darüber lagen. Der Blechboden der Aquarien wurde also einfach von unten ordentlich erhitzt. Dies führte selbstverständlich dazu, daß während der Hauptfeuerzeit das Wasser auf etwa 32 Grad erhitzt wurde und dann im Laufe des Tages und der Nacht wieder auf etwa 25 Grad abkühlen konnte. Das Abkühlen des Wasser hing selbstverständlich auch stark von der jeweiligen Jahreszeit ab, denn die Aquarien waren alle in einem ehemaligen Schweinestall untergebracht. Trotz dieser primitiven Beheizung der Aquarien, gelang es diesem Züchter jährlich mehrere tausend Diskusfische zu züchten und zu Verkaufsgröße aufzuziehen. Vielleicht hat die starke Schwankung der Wassertemperatur bei den Zuchttieren sogar immer wieder einmal die Laichbereitschaft angeregt, denn wir wissen ja, daß auch in der Natur die Wassertemperatur teilweise größeren Schwankungen unterliegt. Gerade in den Überschwemmungsgebieten Amazoniens kommt es in Flachgewässern, wie überschwemmten Seengebieten, schnell während der Tageszeit zu einem Temperaturanstieg von über 32 °C, ja sogar 33 °C. Während der Nacht können diese Temperaturen dann wieder etwas absinken. Diese Tatsache läßt auch Rückschlüsse auf die Beheizung unserer Diskusaquarien zu. Es empfiehlt sich, vielleicht schon ab und zu einmal Zuchtpaare über Wassertemperaturveränderungen zum Ablaichen zu bewegen. Selbstverständlich sollte man dabei jedoch Extreme vermeiden. Temperaturen über 33° Celsius bedürfen einer erhöhten Vorsicht und auch einer entsprechenden Sauerstoffzufuhr in das Aquarium. Längere Temperaturstürze unter 27 °C sind bei Diskusfischen unbedingt zu vermeiden. Auch sollte die Temperatur nicht aprupt innerhalb weniger Stunden dramatisch verändert werden, sondern lassen Sie sich hierfür einige Tage Zeit. Wollen Sie also die Wassertemperatur von 29°C auf 33 °C anheben, so sollte dies schon mindestens 24 Stunden dauern, bis diese Temperaturerhöhung durchgeführt wurde.

Diskusfische werden gerne aus Kostengründen an der unteren Temperaturskala gehalten. Dies bedeutet dann, daß die Diskusfische nur eine Wassertemperatur von 25 oder 26 ° Celsius angeboten bekommen. Dies ist einfach zu kühl! Wenn Sie gesunde und aktive Diskusfische halten wollen, dann müssen Sie ihnen eine Mindesttemperatur von 28 ° besser 29 oder 30 Grad Celsius anbieten. Auch die Eientwicklung bei der Zucht von Diskusfischen ist sehr stark temperaturabhängig. So weiß man, daß die Eientwicklung bei 28 °C etwa 65 Stunden, bei 31 °C dagegen nur 58 Stunden dauert.

Die Körpertemperatur der Diskusfische beeinflußt die Geschwindigkeit ihres Stoffwechsels und dies wird besonders bei Jungfischen schnell festgestellt. Werden die Jungfische nämlich bei etwa 30 °C gehältert, so fressen sie sehr intensiv. Würde die Temperatur jedoch absinken, läßt die Freßlust automatisch nach. Auch die Farbintensität der Fische ist von der Aquarientemperatur stark abhängig. Selbstverständlich hat ein Diskusfisch, der bei 30 °C gehalten wird, einen höheren Stoffumsatz und man weiß, daß Jungfische bei einer Temperatur von 30 Grad etwa doppelt soviel Futter aufnehmen, wie bei einer Aquarientemperatur von nur

Die Temperatur im Aquarium läßt sich sehr gut über Thermostate regeln, wobei bei diesem Duomatregler sowohl eine Bodenheizung, als auch eine Stabheizung angeschlossen werden kann. Im bepflanzten Aquarium ist die Bodenheizung von Vorteil.

24°C. Leider verkürzen hohe Temperaturen auch die Lebenserwartung von Fischen im allgemeinen. Da Diskusfische bei guter Hälterung jedoch ohne Weiteres eine Lebenserwartung von bis zu zehn Jahren haben können, dürfte dieser Faktor in der Aquarienpraxis vernachlässigt werden.

Falls Sie ein Diskusaquarium mit Aquarienpflanzen ausschmücken wollen, müssen Sie der hohen Temperatur der Diskusaquarien auch Rechnung tragen, denn viele Aquarienpflanzen lieben es nicht, bei Temperaturen über 25 °C gehalten zu werden. Auch für Pflanzen bedeutet die hohe Temperatur ein größerer Nährstoffverbrauch und ein erhöhter Anspruch an die Beleuchtungsstärke des Aquariums.

Es gibt einige verschiedene Techniken, um ein Aquarium zu beheizen. So bietet die Filterindustrie zum Beispiel Aquarienfilter mit eingebauten Heizsystemen an. Eine andere Möglichkeit wäre es, unter das Aquarium eine Heizmatte zu legen, die das Aquarium von unten beheizt. Falls Sie diese Art der Heizung wählen, müssen Sie unbedingt eine Styroporplatte unter das Aquarium legen, damit Unebenheiten ausgeglichen werden. Unebenheiten können die Heizdrähte der Matte zerstören. Zweifellos ein Vorteil für Heizmatten ist, daß sich so nicht direkt Strom im Aquariumwasser befindet. In jedem Fall müßte auch eine Heizmatte mit einem Thermostat ausgestattet sein, damit es nicht zu unkontrollierten Aufheizungen kommen kann. Werden Aquarien mit einem Bodengrund und Aquarienpflanzen versehen, so haben sich Bodenheizungen bestens bewährt. Diese Heizkabel sind je nach Heizleistung etwa zwei bis acht Meter lang und werden direkt auf dem Glasboden des Aquariums verlegt. Damit sie schön auf dem Glasboden liegen können, werden sie mit Hilfe von Saugern befestigt. Diese Heizkabel geben nur vorsichtig Wärme ab und somit sind sie sehr gut für Pflanzenaquarien geeignet, denn sie erwärmen schonend den Aquarienboden und sorgen somit dafür, daß die Aquarienpflanzen keine kalten Füße bekommen, bzw. daß durch die langsame Erwärmung des Bodengrunds immer eine Wasserzirkulation im Bodengrund stattfindet.

Stabheizer sind in der Aquaristik am meisten verbreitet und Markenfabrikate sind sehr stabil und langlebig. Für jede Aquariengröße ist die richtige Heizleistung im Fachhandel erhältlich und auch für Diskusaquarien reichen Stabheizer in einer Größenordnung von zwei Liter Wasser pro Watt Heizleistung völlig aus. Dies bedeutet also, daß für ein Aquarium mit 400 Litern Wasserinhalt ein Stabheizer mit einer Leistung von 200 Watt völlig ausreichend dimensioniert ist. In der Regel verwenden Diskusliebhaber ausschließlich Stabheizer mit Thermostat. Dieses Thermostat prüft die Wassertemperatur und schaltet den Stabheizer entsprechend der gewünschten Temperatur bei Bedarf an. Es empfiehlt sich in der Praxis die Temperatur in Diskusaquarien immer wieder mit genau anzeigenden Thermometern zu kontrollieren. Für den Komfort im Aquarium gibt es heute bereits Thermostatheizer mit elektronischen Thermostaten die sich leicht einstellen lassen und zum Beispiel die Temperatureinstellung am Gerät zeigen. Werden solche Stabheizer in den Zentralfilter für mehrere Aquarien gehängt, so ist unbedingt darauf zu achten, daß sich die Heizer in einer Filterkammer befinden, wo ein ständiger Wasserdurchfluß stattfindet.Wäre dem nicht so, würde die Heizleistung für die Aquarien herabgesetzt, bzw. der Transport des warmen Wassers erschwert. Bei Einsatz in einem Zentralfilter ist es günstiger, beispielsweise zwei oder drei Thermostatheizer einzusetzen, anstelle eines einzigen Heizers mit großer Kapazität. Würde nämlich dieser eine Heizer ausfallen, käme es zu einer starken Abkühlung der Aquarien. Bei zwei oder drei Heizgeräten ist jedoch in der Regel gewährleistet, daß nicht alle Heizer gleichzeitig ihren Geist aufgeben.

Da Diskusliebhaber sehr schnell von dem Diskusvirus befallen werden, neigen sie logischerweise dazu, viele Aquarien und vor allem auch große Aquarien in ihren Häusern zu installieren. Ich kann da sehr gut aus eigener Erfahrung sprechen und deshalb wäre es auch interessant zu wissen, wie ein großes Schauaquarium oder größere Zuchtanlagen sinnvoll beheizt werden. Voraussetzung für den Aufbau einer großen Zuchtanlage oder eines speziellen Diskusraumes wäre sicherlich die richtige Isolierung dieses Gebäudeteils. Man muß sich bei den Wassermengen, die zu erhitzen sind, schon Gedanken machen, daß möglichst wenig Energie verloren geht. Neben der Isolation der Wände ist auch die Isolation der einzelnen Aquarien in Erwägung zu ziehen. Sie sollten also Aquarien prinzipiell auf Styroporplatten stellen und auch darüber nachdenken, ob es nicht sinnvoll wäre, die beiden Seiten und die Rückseite mit Styropor zu bekleben. Es gibt übrigens auch blau eingefärbtes Styrodur, welches eine hervorragende Wärmedämmung besitzt. Wenn Sie dieses Styrodur sowohl als Boden- wie Seitenisolierung verwenden, schlagen Sie zwei Fliegen mit einer Klappe, nämlich zum Einen die perfekte Isolation und zum Anderen erübrigt sich gleich die Einfärbung der Rück- und Seitenwände. Eine solche Isolierung macht sich schnell bezahlt und man glaubt gar nicht, was sich hier einsparen läßt. Auch die Beheizung des gesamten Aquarienraumes ist von Vorteil, denn wird der Raum beheizt, ist die Luft wesentlich angenehmer. Es entstehen dann auch keine Schwitzstellen, die eventuell zu schimmeln beginnen. Natürlich reicht die Raumheizung meist nicht aus und eine zusätzliche Thermostatheizung ist noch erforderlich. Auch kann bei großen Wassermengen die Zentralheizung etwas zweckentfremdet werden und die Aquarien gleich mitheizen.

Heizschlangen, die mit der Zentralheizung verbunden werden, können durch große Filterkammern gelegt werden, sodaß das Aquarienwasser gleich in der Filterkammer aufgeheizt wird. Für die Zentralheizung gibt es entsprechende Thermostatventile, so daß es durchaus möglich ist, eine sinnvolle Wasserheizung mit der Zentralheizung vorzunehmen. Wenn Sie also tausende Liter von Diskuswasser aufzuheizen haben, lohnt es sich schon einmal, einen Heizungsfachman um Rat zu fragen.

Diskusfische fühlen sich nur bei höheren Temperaturen von mindestens 28 °C wohl. Für die Zucht ist es angebracht, die Temperatur teilweise auf 31 oder sogar 32 °C zu erhöhen. Auch führen Temperaturschwankungen manchmal zu Zuchtergebnissen. Durch die unterschiedlichen Wassertemperaturen werden die Fische zum laichen angeregt. Oben sehen Sie ein typischen Flächentürkis-Pärchen, während links ein Rottürkis-Paar aus der Zucht Bernd Degen´s zu sehen ist. Diese Zuchtvariante wurde international als „Red scribbled" bekannt.

Welche Temperaturansprüche haben Diskusfische?

Von Natur aus brauchen Diskusfische Wassertemperaturen um 28 Grad Celsius. Zur Hälterung sind Temperaturen von mindestens 27, besser 28 Grad zu empfehlen.

Darf die Temperatur schwanken?

Natürlich, denn das entspricht dem natürlichen Ablauf. Durch einen Regler könnte die Heizung so eingestellt werden, daß tagsüber eine Temperatur von 28 Grad herrscht, nachts dagegen die Temperatur auf 27 Grad abfällt.

Haben Temperaturschwankungen Auswirkungen auf Diskusfische?

Diskuszüchter heben die Temperatur zur Zucht gerne etwas an. Durch diese Temperaturveränderung können die Fische zum Ablaichen stimuliert werden.

Bei welchen Temperaturen züchten Diskusfische am besten nach?

In der Regel werden Diskusfische bei 30 Grad Celsius nachgezüchtet. Natürlich werden sie auch bei 28 Grad erfolgreich ablaichen. Jedoch läuft bei 30 Grad die Eientwicklung schneller ab.

Können Diskusfische auch über 30 Grad nachgezüchtet werden?

Ein leichtes Anheben der Temperatur bis auf 32 Grad ist in Ordnung und als Stimulanz möglicherweise erfolgreich.

Müssen bei Temperaturanhebungen Regeln beachtet werden?

Da bei höheren Temperaturen die Sauerstoffsättigung abnimmt, dürfen solche Aquarien nicht überbesetzt sein. Eine genaue Temperaturkontrolle durch exakte Thermometer ist wichtig.

Ist es günstig bei Diskusjungfischen die Temperatur anzuheben?

Eigentlich nicht, denn Aufzuchtaquarien sind meist stark besetzt und so kann es zu Sauerstoffmangel kommen. Jungfische können bei der Idealtemperatur von 28 Grad aufgezogen werden.

Temperaturerhöhung wird oft als Krankheitsbehandlung empfohlen. Ist dies richtig?

Ja, diese Empfehlung existiert. Jedoch hilft eine Temperaturerhöhung nur bei bestimmten Krankheitsformen. So kann sich die höhere Temperatur günstig bei der Heilung von Darmnematoden auswirken. Zum Beispiel beim gleichzeitigen Einsatz von Metronidazol. Jedoch ist größte Vorsicht und exakte Messung erforderlich.

Wie hoch darf die Temperatur höchstens angehoben werden?

Höchstens auf 37 Grad Celsius, jedoch ist dies sehr vorsichtig zu tun.

Was ist bei der Temperaturerhöhung zu beachten?

Keinesfalls darf die Temperatur schnell angehoben und abgesenkt werden. Das Ansteigen der Temperatur von 28 auf 35 Grad sollte zum Beispiel mindestens 24 Stunden dauern. Danach bleibt die Temperatur konstant für ein bis zwei Tage auf diesem Niveau und wird dann wieder über 24 Stunden langsam abgesenkt.

Empfehlen Sie diese Temperaturanhebung?

Nur beschränkt, denn sie ist mit einigen Risiken verbunden. In sehr warmem Wasser neigen die Fische zu Schreckhaftigkeit, die Atmung wird um einiges schneller und der gesamte Fischorganismus wird stärker belastet.

Darf während der Temperaturanhebung gefüttert werden?

Möglichst wenig Futter ist zu verabreichen. Zu beachten ist auch, daß Futterreste in dem warmen Wasser schneller verderben.

Dürfen während der Wärmebehandlung Medikamente eingesetzt werden?

Nur bedingt! Masoten zum Beispiel reagiert über 28 Grad vergiftend. Keinesfalls darf es bei diesen hohen Temperaturen verwendet werden. Bei Masoten Temperatur am besten auf 26 Grad einstellen.

Gibt es noch andere Medikamente, die ungünstig reagieren?

Bei Medikamenten ist immer Vorsicht angesagt. Viele Wirkungsweisen sind nicht erforscht, da die Medikamente oft nicht für Zierfische gemacht wurden. Vorsicht ist hier immer besser.

Bei hohen Temperaturen sterben Wasserpflanzen leichter ab, was ist da zu tun?

Es ist richtig, daß einige Pflanzen höhere Temperaturen von 28 Grad und darüber schlechter vertragen. Deshalb ist auf geeignete Pflanzen auszuweichen. Keinesfalls dürfen die Diskusfische wegen der Wasserpflanzen zu kühl gehalten werden.

Welche Pflanzengruppen sind also geeignet?

Eigentlich alle Echinodorus - Amazonaspflanzen. die aber gute Lichtverhältnisse und etwas Kohlendioxiddüngung brauchen. Aponogetonarten - Wasserähren, Cryptocorynen - Wasserkelche und das Javafarn - Microsorium pteropus gehören ebenfalls zu gut haltbaren Pflanzen für ein Diskusaquarium, wenn sie auch von der Herkunft nicht dazupassen, doch dies ist eigentlich kein Hinderungsgrund für das Einpflanzen.

Wassertemperatur und Wohlbefinden der Diskusfische hängen eng miteinander zusammen. Der oben gezeigte Snake Skin Diskus fühlt sich sichtlich wohl, denn er zeigt keinerlei Schreckfärbung.
Im unteren Bild ist eine Zuchtanlage zu sehen, wo mehrere Aquarien miteinander über den Filter verbunden sind. So läßt sich auch die Beheizung der Aquarien zum Beispiel im Filterbecken vornehmen. Jedoch sind die Heizer dann so zu plazieren, daß sie ständig vom Wasser umspült werden, damit sich keine toten Ecken bilden, denn sonst wird Energie verschwendet. Günstig ist auch eine zusätzliche Isolierung der Aquarien mit dünnen Styroporplatten, die zum Beispiel auf die Seiten- oder Rückscheiben geklebt werden können. Aus Temperaturgründen sind sowieso alle Diskusaquarien abzudecken, denn nur so kann verhindert werden, daß die Heizkosten enorm ansteigen. Bei den oberen Aquarien wurde für Zuchtzwecke ein zusätzlicher Außenfilterkasten angebracht, sodaß während des Aufziehens der Jungfische jeder Zeit eine Trennung der einzelnen Aquarien von der Gesamtanlage möglich ist.

Aquarienbeleuchtung

Diskusfischen wird immer nachgesagt, daß sie wenig Licht im Aquarium benötigen. Sicherlich ist es so, daß Fische prinzipiell mit Tageslicht auskommen. Tageslicht hat jedoch ganz andere Werte als beispielsweis eine Aquarienbeleuchtung. Tageslicht zu ersetzen, kann kaum gelingen. Dennoch ist es nicht schwierig, für ein Diskusaquarium die passende künstliche Beleuchtung zu finden, denn Leuchtstoffröhren haben sich bestens als Leuchtmittel bewährt. Diskusfische kommen mit diesen Leuchtstoffröhren bestens zurecht und sie sind keineswegs schreckhaft, wenn das Aquarium normal beleuchtet wird. Schreckhaftigkeit oder Fluchtverhalten tritt eher dann auf, wenn das Aquarium dicht bepflanzt ist. Im Aquarium bleibt nur das Verstecken hinter Einrichtungsgegenständen und wenn Licht und Schatten von außen in das Aquarium fallen, kommt es schnell zu Fluchtreaktionen. Ist das Aquarium jedoch von oben gut beleuchtet, verhalten sich die Fische in der Regel wesentlich ruhiger. Übrigens gewöhnen sich Diskusfische auch sehr schnell an Bewegungen vor dem Aquarium und verlieren dann ihre Schreckhaftigkeit.
In der Regel ist es so, daß man sagt es solle kein Tageslicht in das Aquarium eindringen, da dies nur Probleme verursacht. Dies trifft natürlich auch für ein Diskusaquarium zu, denn auch dieses könnte leicht veralgen, obwohl hier durch den relativ häufigen Wasserwechsel einer Veralgung besser vorgebeugt wird. Leuchtstofflampen sind mit Vorschaltgeräten und Startern ausgestattet, wobei die Vorschaltgeräte durchaus eine gehörige Portion an Wärme entwickeln. Diese Wärme kann man sich bei der Aquarienbeleuchtung zunutze machen. Wird eine Abdeckung über dem Aquarium verwendet, so könnten die Vorschaltgeräte in dieser Abdeckung installiert werden und ihre Wärme von oben in das Aquarium abgeben. Selbstverständlich lassen sich die Vorschaltgeräte auch im Aquarienschrank unterbringen, so daß sie hier für eine leichte Beheizung sorgen. Selbstverständlich ist Voraussetzung, daß alle Leuchten fachgerecht installiert werden, denn Strom und Aquarienwasser paßt nicht immer gut zusammen, bzw. Unfälle sind hier manchmal vorprogrammiert. Hierbei muß auch nochmal der FI-Schutz-

Oben offene Diskusaquarien sehen sehr dekorativ aus, da viele Pflanzen dazu neigen, aus dem Aquarium herauszuwachsen und sogar Blütenstände zu bilden. Allerdings verdunstet bei solchen Aquarien sehr viel Wasser. Für die Beleuchtung solcher Aquarien sind spezielle Pflanzenleuchten, die über den Aquarien hängen, sehr gut geeignet. Inzwischen gibt es aber auch eine Anzahl von formschönen Leuchtstoffröhrenkästen, die über die Aquarien gehängt werden können.

Das Licht von HQL- oder HQI-Leuchten ist nicht für jedes Diskusaquarium geeignet, denn die Lichtfarben entsprechen nicht immer den Vorstellungen der Aquarienbesitzer. Wie links abgebildet, sind Neonleuchten immer noch die erste Wahl beim Beleuchten von Aquarien, denn sie sind kostengünstig und bringen eine gute Lichtausbeute und außerdem gibt es eine ganze Palette verschiedener Lichtfarben im Handel, so daß sich jeder Aquarianer hier sein Wunschlicht selbst zusammenstellen kann.

schalter angesprochen werden, der in keinem Stromkreis des Aquarienkellers oder der Aquarienanlage fehlen sollte. Ziehen Sie hier unbedingt einen Fachmann zu, der für eine fachgerechte Installation aller stromführenden Teile sorgt.

Leuchtstofflampen können mit Neonröhren der verschiedensten Lichtfarben kombiniert werden. Für die Aquaristik gibt es spezielle Leuchtstoffröhren und somit läßt sich die ideale Kombination leicht zusammenstellen. Wie alle Aquarien sollen auch Diskusaquarien etwa 12 Stunden täglich beleuchtet werden, wobei in reinen Zuchtaquarien ohne Bepflanzung die Beleuchtung nicht immer so stark sein muß, wie dies normalerweise für guten Pflanzenwuchs vonnöten wäre. Wenn Diskusfische ablaichen, bzw. Junge führen, ist es vorteilhaft, wenn ein Nachtlicht im Zimmer oder über dem Aquarium installiert wird. Als Nachtlicht eignet sich beispielsweise eine einfache Sparlampe mit weniger Wattleistung, sodaß hier auch kaum Kosten entstehen.

Quecksilberdampf-Hochdrucklampen mit einem Quarzglasbrenner, gibt es als sogenannte HQL- und HQI-Lampen. Diese Hochdrucklampen sind für Diskusaquarien ohne Bepflanzung weniger geeignet. Das Licht erscheint etwas kalt in seiner Farbe und die brillanten Farben der Diskusfische kommen so nicht voll zu Geltung. Schöner ist die Beleuchtung mit Neonröhren.

Brauchen Diskusfische eine Nachtbeleuchtung?

Normalerweise benötigen Diskusfische keine Nachtbeleuchtung, doch ist es sehr ungünstig, wenn morgens das Licht plötzlich eingeschaltet wird. Vielleicht versuchen Sie mit einer Zeitschaltuhr zuerst eine schwache Raumbeleuchtung einzuschalten und nachdem sich die Fische dann an das erste zarte Licht gewöhnt haben, wird nach etwa 20 bis 30 Minuten die Aquarienbeleuchtung voll eingeschaltet.

Kann mit Hilfe des Tageslichts die Beleuchtung im Diskusaquarium beeinflußt werden?

Es ist sehr günstig, wenn vor der Aquarienbeleuchtung das Tageslicht langsam das Aquarium bzw. den Aquarienraum beleuchtet. So werden die Fische schonend geweckt und erschrecken nicht, wenn etwas später die Aquarienbeleuchtung eingeschaltet wird. Leider ist abends ein langsames Verlöschen des Lichtes schwieriger zu gestalten, denn der Hobby-Aquarianer will ja wahrscheinlich noch spät abends vor seinem Aquarium sitzen und deshalb empfiehlt es sich, nicht das Licht plötzlich auszuschalten, sondern ein kleines Nachtlicht noch für eine gewisse Zeit nach dem Abschalten des Hauptlichtes brennen zu lassen.

Müssen Diskusfische, die Junge führen, eine Nachtbeleuchtung haben?

Erfahrungsgemäßt empfiehlt es sich schon, einem Paar mit Jungbrut ein kleines Nachtlicht zu belassen, denn dies beruhigt die Fische erheblich. Es gibt ja inzwischen sehr sparsame Nachtlichter, die ohne weiteres während der ganzen Nacht anbleiben können.

Welche Art von Beleuchtung empfiehlt sich für ein Diskusaquarium?

Bewährt und üblich sind Leuchtstoffröhren, denn sie stellen eigentlich die günstigste und dauerhafteste Aquarienbeleuchtung dar. Durch die verschiedenen Lichtfarben kann sich jeder Aquarianer sein ideales Licht selbst zusammenstellen.

Benötigen Diskusaquarien mit Bodengrund und Bepflanzung ein intensiveres Licht?

Aquarien mit Bepflanzung müssen gut beleuchtet werden, denn Licht ist Nährstoff für die Wasserpflanzen. Glauben Sie bitte nicht, daß Ihre Diskusfische, die in einem Pflanzenaquarium schwimmen, kein Licht haben wollen. Sie kommen schon sehr gut mit dem Licht zurecht und deshalb die Empfehlung nicht mit dem Licht zu sparen.

Wieviele Stunden sollte ein Diskusaquarium beleuchtet sein?

Wie in der Natur, empfiehlt es sich auch zu Hause ein Diskusaquarium für etwa 12 Stunden täglich zu beleuchten. Mit Hilfe einer Zeitschaltuhr läßt sich dies ja einfach bewerkstelligen.

Wie lange sollten Diskuszuchtaquarien beleuchtet werden?

Diskusfische neigen dazu, in den Abendstunden abzulaichen und es empfiehlt sich auch hier, die Beleuchtungsdauer auf etwa 12 Stunden täglich einzustellen. Sie können ja in den Abendstunden noch für etwa zwei bis drei Stunden eine Raumbeleuchtung brennen lassen, sodaß in den Aquarien eine diffuse Beleuchtung herrscht. Natürlich ist das Ablaichen nicht unbedingt von einer Beleuchtung abhängig. Wenn die Diskusfische ablaichen wollen, werden sie dies auch ohne Aquarienbeleuchtung tun.

Kohlendioxiddüngung

Für Diskusaquarien ist die Düngung mit Kohlendioxid normalerweise kein wichtiges Thema, denn CO_2 ist in erster Linie ein Pflanzennährstoff. Diskusaquarien werden sehr oft jedoch völlig pflanzenfrei aufgestellt und die Einrichtung eines Diskusaquariums oder besser gesagt eines Diskuszuchtaquariums, besteht wohl nur aus einem häßlichen Tontopf, der zum Ablaichen dient. Wenn Sie jedoch in Erwägung ziehen, ein Diskusschauaquarium einzurichten, dann werden Sie sicherlich auch eine Bepflanzung vornehmen wollen. Für Diskusfische gibt es zahlreiche Pflanzen, die für eine Vergesellschaftung geeignet sind. Pflanzen benötigen als Nahrung Kohlenstoff, welches Sie im Aquarium am günstigsten in Form von Kohlendioxid aufnehmen. Guter Pflanzenwuchs im Aquarium setzt immer eine Kohlendioxiddüngung voraus. Die beste Möglichkeit Kohlendioxid in das Aquariumwasser zu blasen ist die Verwendung eines einfachen aber professionellen Kohlendioxid-Diffusionsgerätes, wie es im Fachhandel von mehreren Herstellern angeboten wird. Das Diffusionsgerät wird direkt in das Aquarium gesetzt und mit Hilfe einer CO_2 Druckgasflasche wird über ein Druckminderventil eine kontinuierliche Menge von Kohlendioxid in das Diffusionsgerät geblasen. Im Diffusionsgerät tauchen dann einzelne Gasbläschen auf, die sich mit dem Wasser im Gerät vermischen und somit in Lösung gehen. Im Prinzip ist es das gleiche wie bei einer Sprudelflasche. Das Kohlendioxid in der Sprudelflasche ist bei verschlossener Flasche in Lösung, wird die Flasche geöffnet, sehen Sie die Kohlendioxidbläschen aufsteigen. Pro Sekunde werden etwa ein bis zwei kleine Kohlendioxidbläschen in das Reaktionsgerät entlassen. Da Pflanzen nur während der beleuchteten Tageszeit Kohlendioxid aufnehmen und als Nahrung einbauen, macht es Sinn, während der Nachtzeit im Aquarium die Kohlendioxidzufuhr zu stoppen. Zu diesem Zweck gibt es spezielle CO_2-Düngeanlagen, die eine Nachtabschaltung besitzen. Ist dies nicht der Fall, müßten Sie einfach morgens die CO_2-Anlage anstellen und abends wieder schließen. Viele Aquarianer schwören auf stark bewegtes Wasser

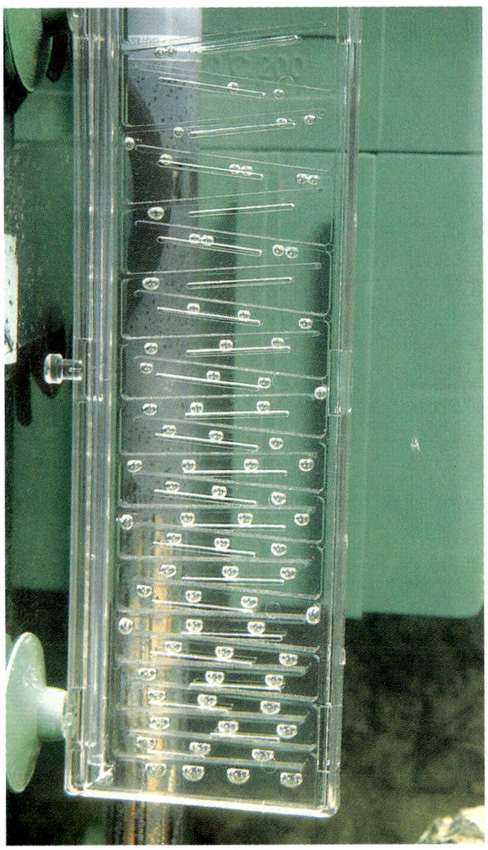

Die Kohlendioxiddüngung ist für Aquarienpflanzen unabdingbar, denn Kohlendioxid ist für Pflanzen Nahrung. Über ein Kontaktgefäß werden die Kohlendioxidblasen mit Aquarienwasser in Berührung gebracht und so kann das Gas in Lösung gehen. Links ist sehr schön zu sehen, wie unten eine größere Menge Blasen eingebracht wird, die sich nach oben hin langsam auflösen. Für Diskusfische ist die Verwendung von Kohlendioxid nicht nachteilig und auch der pH-Wert des Wassers wird nur sehr gering beeinflußt.

im Aquarium und deshalb setzen sie auch oft sogenannte Luftausströmer ein, die dann sehr viele Luftbläschen im Aquarium erzeugen. Man läßt sich optisch täuschen und denkt, so könnte man sehr viel Sauerstoff in Aquarienwasser einblasen. Diese starke Wasserbewegung, die auch durch extrem starke Filter hervorgerufen werden kann, führt zu starken Kohlendioxidverlusten. Es macht also keinen Sinn, auf der einen Seite eine CO_2-Düngung anzuschließen und auf der anderen Seite einen stark arbeitenden Filter einzusetzen, der das CO_2 wieder aus dem Wasser treibt.
Der Gehalt von Kohlendioxid im Wasser läßt sich mit günstigen Tropfreagenzien messen. Als Richtwert kann für ein Diskusaquarium mit Bepflanzung ein Kohlendioxidgehalt von etwa 10-30mg/l als ideal betrachtet werden. Der pH-Wert des bepflanzten und mit Bodengrund versehenen Aquariums wird sich durch den Einsatz von Kohlendioxid nicht dramatisch verändern. Kohlendioxid wird im Sprachgebrauch auch fälschlich als Kohlensäure bezeichnet und aus dem Wort Säure ist abzuleiten, das das Wasser durch viel Kohlendioxid sauer werden kann. Dies ist chemisch gesehen nur bedingt richtig und in der Aquarienpraxis mit relativ häufigen Teilwasserwechseln zu vernachlässigen. Kurz gesagt kann durch eine normale Kohlendioxiddüngung in Ihrem Diskusaquarium nicht viel Negatives passieren.

Wann ist eine Kohlendioxiddüngung wichtig im Diskusaquarium?

Nur wenn Sie ein Diskusaquarium entsprechend stark bepflanzt haben und auf einen prächtigen Pflanzenwuchs wert legen. Für Pflanzen ist Kohlendioxid Nährstoff und fast unersetzlich.

Welche Möglichkeit der Kohlendioxiddüngung habe ich?

Die Industrie bietet komplette Düngesysteme an, wobei mit Hilfe einer Kohlendioxidflasche über ein Schlauchsystem und einen Druckminderer Gasblasen in das Aquarium gelangen. Dort reagiert das Kohlendioxid mit dem Wasser in einem Kontaktrohr und so haben die Pflanzen die Möglichkeit, das gelöste Kohlendioxid aus dem Wasser aufzunehmen.

Werden die Diskusfische durch das Kohlendioxid geschädigt?

Selbstverständlich nicht, denn es handelt sich um einen natürlichen Vorgang.

Wird der pH-Wert des Wassers durch die Kohlendioxiddüngung gesenkt?

Eine normale Kohlendioxiddüngung ist so schonend, daß der pH-Wert des Wassers im normal eingerichteten Aquarium nur ganz minimal abfallen wird, sodaß keinerlei Gefahr für die Diskusfische bestehen kann. Nur in extrem weichem Wasser würde es zu einem schnellerem pH-Wertabfall kommen, jedoch wird die Kohlendioxiddüngung ja nur im eingerichteten und bepflanzten Aquarium vorgenommen, wo das Wasser durch die Einrichtungsgegenstände und dem Bodengrund viel stärker gepuffert ist.

Kann ich den Kohlendioxidgehalt in meinem Aquarium messen?

Ja, denn es gibt im Zoofachhandel einfache und günstige Tropfreagenzien und das gleiche trifft auch auf die Messung des pH-Wertes zu.

WASSERAUFBEREITUNG

Diskusfische stammen aus der Amazonasregion mit sehr weichem Wasser und in der Regel niedrigen pH-Werten. Dieses typisches Diskuswasser finden wir in Deutschland nur an sehr wenigen Stellen, denn die Wasserwerke müssen sich bemühen, den pH-Wert des Leitungswassers relativ hoch und zwar auf mindestens pH 7,0 einzustellen. Ein solch hoher pH-Wert ist für Diskusfische zumindest für die Zucht nicht günstig. Selbstverständlich können Diskusfische in einem solchen Leitungswasser gehältert werden, jedoch gibt es beim Ablaichen und bei der Jungfischaufzucht schon erhebliche Probleme. Auch ist das deutsche Leitungswasser mittelhart oder hart,was ebenfalls für Diskusfische von großem Nachteil ist. Somit haben viele Diskusliebhaber das Problem, daß das Wasser für Ihre Lieblinge aufbereitet werden muß. Den pH-Wert mit Hilfe von Zusätzen oder einer Torffilterung abzusenken ist nicht so schwierig wie die Enthärtung des Leitungswassers.

Kein Wasser und schon gar nicht Leitungswasser gleicht dem anderen und deshalb gibt es riesige Unterschiede bei der Zusammensetzung des Wassers, was man diesem jedoch nicht ansieht. Welche Menge und welche Art von Mineralstoffen im Wasser gelöst sind, läßt sich selbst bei komplizierten Untersuchungen nur bedingt feststellen. Sie können versuchen, von Ihrem Wasserwerk eine Analyse Ihres Leitungswassers zu bekommen und daraus Rückschlüsse für Ihre Diskuszucht ziehen. Die Analysen, die in Wasserwerken vorgenommen werden, sind sowohl bakteriologisch als auch chemisch. Für Aquarianer ist die chemische Analyse interessant. Drei wichtige Wasserwerte können aus der Analyse herausgelesen werden.

1. Gesamthärte dGH

2. pH-Wert oder Säuregrad des Wassers

3. Anteil an Nitrat, wobei hier eine Obergrenze von 50 mg/l vorgeschrieben ist.

All diese Werte können Sie sich jedoch auch durch Meßreagenzien aus dem Zoofachhandel selbst bestimmen. Diskusaquarianer kommen eigentlich nicht ohne Teststreifen oder Testgeräte aus und außerdem bestünde auch die Möglichkeit, einmal Wasser in einem Labor für Wasseruntersuchungen untersuchen zu lassen, wobei jedoch die Kostenseite nicht unberücksichtigt bleiben darf, denn eine solche Wasseruntersuchung kann schnell mehrere hundert DM kosten.

Unter dem Begriff deutsche Gesamthärte wird die Gesamtmenge von Calcium- und Magnesiumsalzen verstanden. Diese Salze sind in einem Liter Wasser gelöst. In der Regel ist der Anteil an Calciumsalzen wesentlich höher, als der von Magnesiumsalzen. Besitzen Sie ein Ausgangswasser, welches sehr hart ist und somit viel Salze besitzt, so bedeutet dies, daß Ihre Diskusfische bei der Zucht Probleme haben werden. Die Probleme, die dann auftauchen, betreffen den osmotischen Druck des Wassers, welcher durch den hohen Salzgehalt verstärkt wird. Die empfindlichen Diskuseier werden unter diesem osmotischen Druck zerstört und somit resultiert oft ein weißes Gelege aus einem falschen Diskuswasser.

Der Diskusliebhaber ist also jetzt gezwungen, das Wasser zu entmineralisieren und die Gesamthärte herabzusetzen. Eine der alten Standardmethoden, um Aquarienwasser zu enthärten, war der Einsatz von Ionenaustauscherharzen. Eine Teilentsalzung des Wassers kann durch die Anwendung eines Kartionenaustauschers vorgenommen werden. Diese Teilentsalzung empfiehlt sich vor allem bei einer sehr hohen Carbonathärte. In ein Reaktionsrohr, welches einem Filter ähnelt, wird das Austauscherharz gegeben und langsam wird das zu enthärtende Wasser durch die Harzmenge geleitet. Durch eine chemische Reaktion wird ein Großteil der Mineralstoffe herausgefiltert. Leider müssen diese Harze von Zeit zu Zeit regeneriert werden, was einem Neuladen entspricht. Teilweise ist dieses Regenerieren etwas umständlich, denn es muß zum Beispiel mit Salzsäure oder Natronlauge regeneriert werden. Dies ist nicht ganz unproblematisch und oft kommt es auch zu Pannen, wenn hier nicht sorgfältig gearbeitet wird. Auch die Kosten einer solchen Anlage, was sowohl die Anschaffung als auch den Betrieb angeht, darf nicht vernachlässigt werden. Der Vorteil einer solchen Vollentsalzungsanlage ist, daß fast salzfreies Wasser entsteht, dessen Leitfähigkeit extrem gering ist. Jetzt haben Sie fast destilliertes Ausgangswasser und können dieses wieder mit etwas normalem Leitungswasser oder Quellwasser anreichern, damit es wieder biologisch aktiv wird. Da im Aquarium der Salzgehalt durch Füttern oder Ausscheidungen der Fische ständig leicht ansteigt, kann solch entsalztes Wasser auch für Teilwasserwechsel verwendet werden, um den Leitwert des Aquarienwassers immer wieder herabzusetzen.

In den letzten Jahren hat sich in der Aquaristik die Umkehrosmose als Wasseraufbereitungsverfahren sehr stark verbreitet. Heute gibt es zahlreiche preiswerte Geräte im Fachhandel, die für die meisten Hobby-Aquarianer bestens ausreichen. Eine Umkehrosmoseanlage müssen Sie sich laienhaft ausgedrückt als eine Art Filteranlage vorstellen, die Mineralsalze eines zu filternden Wasser herausziehen. Natürlich ist dies nur eine ein-

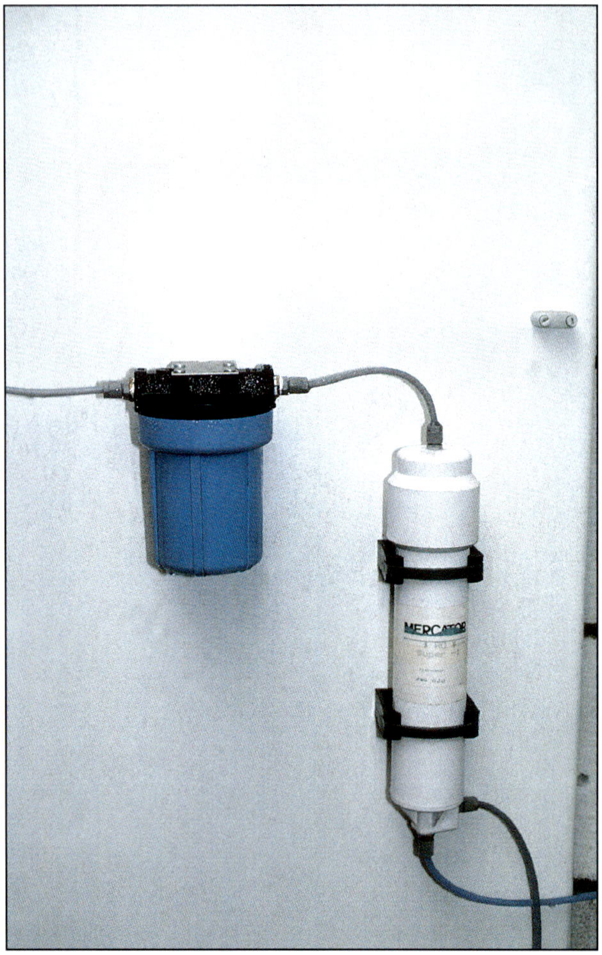

Wird Osmosewasser hergestellt, so sollte das Leitungswasser über einen Vorfilter geleitet werden, denn die sehr feine Membran im Inneren des Osmosegerätes kann leicht durch grobe Partikel beschädigt oder verschmutzt werden.

fache Erklärung, denn die in der Osmoseanlage befindliche Membran arbeitet zwar wie ein Sieb, aber nur mittels einem hohen Wasserdruck. Je stärker der Wasserdruck ist, desto besser ist die Leistung der Osmoseanlage.

In der Regel können Umkehrosmosegeräte für aquaristische Zwecke sehr gut mit dem örtlichen Wasserleitungsdruck arbeiten.Nur bei größeren Anlagen kann oder sollte zusätzlich eine Motorpumpe eingesetzt werden. Durch diese Motorpumpe wird der Druck und damit auch die Effektivität der Umkehrosmoseanlage erhöht. Die Folien in den Umkehrosmoseanlagen sind gegen Chlor und Verschmutzung empfindlich und deshalb ist es immer wichtig einen Schutzfilter, der meist Aktivkohle enthält vorzuschalten. Aus einer Umkehrosmoseanlage fließt ein Reinwasser, welches nur noch sehr geringe Mengen gelöster Mineralstoffe enthält und somit ebenfalls mit einem fast destilliertem Wasser zu vergleichen ist. Leider fällt bei dieser Art Filterung eine große Menge an sogenanntem Schmutzwasser an, welches aber optisch immer noch einem neutralen Leitungswasser entspricht. Der Schmutz in diesem Wasser ist selbstverständlich nicht zu sehen und besteht eigentlich aus Mineralsalzen. Dieses Abfallwasser kann selbstverständlich für andere Zwecke im Haushalt weiterverwendet werden.

Da Umkehrosmosewasser, ebenso wie mit Ionenaustausch aufbereitetes Wasser, biologisch gesehen, ziemlich unlebendig ist, empfiehlt es sich immer, dieses Osmosewasser mit etwas Leitungs- oder Quellwasser aufzuhärten, bzw. durch spezielle Zusätze im Leitwert wieder anzuheben. Es fehlen diesem Wasser zum Beispiel wichtige Spurenelemente. Andererseits haben Sie aber auch die große Chance, jetzt das Umkehrosmosewasser so aufzubereiten, wie Sie es sich vorstellen. Gerade bei der Zucht sehr empfindlicher Diskusfische und vorallem Wildfängen ist es durch solches Umkehrosmosewasser, welches mit einem kleinen Zusatz von Spurenelementen zu einem Leitwert von 30-40µs eingestellt wurde, Zuchterfolge zu erzielen. Selbstverständlich ist solche salzarmes Wasser sehr empfindlich, was die Reaktion bei dem pH-Wert angeht. Salzarmes Wasser ist wesentlich instabiler und es könnte durch Zusätze zu einem schnellen pH-Wertabfall kommen. Es ist deshalb wichtig, daß Sie den pH-Wert in solchen speziellen Zuchtwässern regelmäßig und genau überprüfen. Auch beim Umsetzen der Fische ist darauf zu achten, daß diese nicht plötzlich großen pH-Wertschwankungen ausgesetzt werden. Die pH-Wertstabilität des Aquarienwassers ist auch bei der Aufzucht von Diskusfischen nicht zu unterschätzen. Gerade Jungfische reagieren stark auf pH-Wertschwankungen des Wasser und wachsen dann ungleichmäßig.

Während die Wasserhärte eines Aquariums nur relativ selten gemessen werden muß, liefern Leitfähigkeit und pH-Wert des Wassers einen guten Aufschluß über Veränderungen und Möglichkeiten bei der Diskuszucht. Die Leitfähigkeit eines Wassers wird elektrisch gemessen und zwar mit Hilfe spezieller Leitwertmeßgeräte. Vereinfacht kann gesagt werden, daß weiches Wasser Strom fast nicht leitet und somit der Widerstand sehr hoch, die Leitfähigkeit sehr niedrig ist. Meerwasser enthält sehr viele mineralische Stoffe und ist extrem hart, was wiederum bedeutet, daß es dem Strom nur wenig Widerstand bietet und seine Leitfähigkeit dadurch sehr hoch ist. Es ist also viel gefährlicher als Aquarianer in einem Meerwasseraquarium mit elektrischen Geräten zu arbeiten, als in einem Diskusaquarium mit sehr weichem Wasser. Die Leitfähigkeit von Süßwasser wird in Mikrosiemens/Zentimeter angegeben, wobei in der Praxis häufig die Bezeichnung cm weggelassen wird. Bei der Messung der Leitfähigkeit wird der Gesamtgehalt an Salzen und Säuren, bzw. Laugen im Wasser bestimmt. Der Meßwert sagt nichts über die Zusammensetzung der Salze aus, auch wenn gelegentlich eine Umrechnung von Härte in Leitfähigkeit erfolgt. Es ist also nicht richtig, daß hohe Härtegrade eines Wassers, auch eine hohe Leitfähigkeit erzeugen. Diskuswasser in der Natur ist sehr salzarm und besitzt eine Leitfähigkeit von unter 50 µs/cm, ist gleichzeitig auch sehr weich und eine Kopie dieses Wassers wäre im Aquarium sehr instabil, was den pH-Wert angeht.

Der pH-Wert wird durch Säuren oder Laugen im Wasser beeinflußt. Auch destilliertes Wasser besteht nicht nur aus Wassermolekülen, sondern besitzt geringe Anteile an Säuren- und Laugenbestandteile. Den pH-Wert genauer zu definieren, artet schnell in komplizierte Formeln aus. Der pH-Wert ist als negativer dekadischer Logarithmus der Wasserstoffionenkonzentration zu verstehen. Dies hört sich sehr kompliziert an, bedeutet jedoch, daß neutrales reines Wasser einen pH-Wert von 7,0 besitzt. Steigt die Wasserstoffionenkonzentration auf das zehnfache an, so fällt der pH-Wert auf 6,0. Überwiegen jedoch die Laugenanteile, dann sinken die Säureanteile und der pH-Wert steigt über 7,0. Wasser mit einem pH-Wert von 7,0 gilt als neutral. Je kleiner der pH-Wert wird, desto sauerer ist das Wasser. Basisch oder alkalisch wird es, wenn der pH-Wert über 7,0 ansteigt. Für die meisten Aquarienfische sind pH-Werte zwischen 5,5 und 8,0 der Rahmen ihrer normalen Lebensbedingungen. Doch es gibt auch Ausnahmen unter den Aquarienfischen, die speziellere Ansprüche haben und teilweise einen sehr engen Rahmen an den pH-Wert legen. Hierzu gehören auch unsere Diskusfische aus Amazonien, die in der Natur immer in Gewässern mit pH-Werten unter 7,0 leben. Im Schwarzwassergebiet des Rio Negro, wo besonders der Heckel-Diskus heimisch ist, liegt der pH-Wert meist um Werte zwischen 4,0 und 4,5. Dieses Wasser ist also extrem sauer und Wildfang-Heckel-Diskus müssen entsprechend vorsichtig umgesetzt werden, bzw. es ist ihnen im Aquarium ein annähernder pH-Wert zu bieten.

Die Messung des pH-Wertes ist aus aquaristischer Sicht sehr einfach, denn es gibt sowohl Teststreifen als auch Testreagenzien und für häufige Messungen entsprechende pH-Meßgeräte. Falls Sie sich ein pH-Meßgerät anschaffen, empfiehlt es sich, gleich ein Markengeräte von entsprechender Güte zu kaufen. Der Einsatz dieser elektrischen oder elektronischen Meßgeräte ist jedoch nicht ganz einfach, denn die Glaselektrode ist etwas empfindlich und eine Eichung des Gerätes ist von Zeit zu Zeit notwendig.

Die Beeinflussung des pH-Werts im Diskusaquarium ist relativ einfach zu bewerkstelligen, denn Diskuswasser ist meist sehr salzarm und deshalb auch instabil. Die meisten Diskusaquarianer haben eher Probleme, den pH-Wert stabil zu halten, bzw. zu erhöhen, als ihn abzusenken. Die einfachste und schonendste Absenkung des pH-Werts im weichem Wasser geschieht durch eine Torffilterung. Die Zugabe von Kohlendioxid als Methode zur pH-Wertsenkung kann nur dann funktionieren, wenn die Carbonathärte entsprechend gering ist. Selbstverständlich ist das im normalen Diskuszuchtaquarium der Fall, aber da wir hier keine Wasserpflanzen pflegen, die Kohlendioxid als Nahrung benötigen, erscheint diese Art der pH-Wertsenkung für Diskusaquarien ungeeignet. Auch müßte in weichem Wasser die Kohlendioxidzugabe ständig überprüft werden und dies ließe sich sinnvoll nur durch den Einsatz eines mit der Dosierung gekoppelten Meßgerätes bewerkstelligen. Hier würde der pH-Wert durch Zugabe von Kohlendioxid eingestellt.

Bei der Wasseraufbereitung im Diskusaquarium ist die Messung von Nitrat schon von Bedeutung, denn zu hohe Nitratkonzentrationen im Wasser behindern eindeutig das Wachstum von Diskusfischen. Nitrate sind zwar weniger giftig als Nitrite, aus welchen sie entstehen, aber dennoch ist der Nitratwert sehr wichtig und regelmäßig zu überwachen. Die einfachste Art der Überwachung ist das Testen mit Teststreifen. Besonders Eier und Jungfische sind bereits bei geringen Konzentrationen von Nitrat gefährdet. Gerade unsere Diskusfische reagieren sehr schnell auf schon geringe Nitratmengen im Wasser. Dieser Faktor wird gerne vernachlässigt. In Diskusaquarien wird relativ häufig Wasser gewechselt und somit glaubt man die Nitratkonzentration sei gering. Da jedoch unser Trinkwasser schon nitratbelastet ist, können schnell Grenzwerte erreicht und überschritten werden. Bei der Neueinrichtung von Aquarien überstürzen schnell die Ereignisse und Aquarianer neigen dazu, viel zu schnell Fische in ein Aquarium einzusetzen. Erst wenn ein Aquarium richtig eingelaufen ist, und der Filter gut arbeitet, sollte mit dem Besatz von Fischen begonnen werden. Doch erzählen Sie einem Aquarianer, daß er etwa drei oder sogar vier Wochen warten soll mit dem Einsetzen der Fische. Die Realität sieht besonders bei Diskusfreunden ganz anders aus. In einem gerade in Betrieb genommenen Süßwasseraquarium laufen Prozesse der Stickstoffumwandlung ab, wobei bei pH-Werten Stickstoff in Ammoniak umgewandelt wird. Dies ist jedoch nur der Fall bei hohen pH-Werten. Ansonsten liegen bei geringeren pH-Werten im saueren Bereich Ammoniumionen vor. Beim Ansteigen von Ammoniakkonzentrationen, die etwa am siebten Tag ihren Höchstwert erreichen, ist jeder Fisch im Aquarium ernsthaft gefährdet. Danach nimmt der Gehalt an Ammoniak rapide ab und fällt bis fast null. Dies geschieht durch die Umwandlung von Ammoniak in Nitrit. Da wir im normalen Diskusaquarium keine Pflanzen und keinen Bodengrund haben, ist es besser, wenn Sie bei neueingerichteten Aquarium ältere Filter zum Einsatz bringen, bzw. altes Filtermaterial aus einem anderen Filter in den neuen Filter füllen. So kommt es viel schneller zu einem biologischen Gleichgewicht.

Diskusaquarianer, die einen großen Zuchtraum besitzen und viele Aquarien betreiben und diese zum Teil an Zentralfilter angeschlossen haben, besitzen kaum Probleme mit neu einzurichtenden Aquarien, denn in solch einem Wasserkreislauf macht es überhaupt nichts aus, wenn ein Aquarium abgehängt, komplett gereinigt, neu eingerichtet und dann wieder in den Kreislauf gehängt wird. Je größer die Wassermenge ist, die in ein solches System integriert ist, desto einfacher ist auch die Pflege des Wassers. Einmal abgesehen von der möglichen Krankheitsübetragung, ist also eine kombinierte Aquarienanlage für Diskusfische zu favorisieren.

Welche Wasserwerte sind ideal für Diskusfische?

Geht man von der klassischen Lehrmeinung aus, dann wären die Werte aus der Heimat der Diskusfische zu übernehmen. Dies wären Durchschnittswerte mit einer Gesamthärte von eins bis drei Grad bei einem Leitwert von zehn bis fünfzig Mikrosiemens/cm. Der pH-Wert würde zwischen 5,0 und 6,0 liegen und die Temperatur 28 bis 30 Grad Celsius betragen.

Können diese Wasserwerte einfach so übernommen werden?

Sie könnten schon, aber es wird Schwierigkeiten beim Halten der Werte geben. Besonders der pH-Wert wird oft bedrohlich absinken.

Wieso kommt es bei der Diskushälterung im weichen Wasser immer wieder zu einem Absinken des pH-Wertes?

Durch starken Besatz im Aquarium kommt es zu einer Anhäufung saurer Stoffwechselprodukte. Hinzu kommt ein Einmischen von Kohlendioxid aus der Luft.

Wie kann der pH-Wert wieder angehoben werden?

Am einfachsten und besten durch einen Teilwasserwechsel.

Können pH-Wert Stabilisatoren eingesetzt werden?

Es gibt pH-Wert Stabilisatoren im Zoofachhandel. Auch Natriumkarbonat oder Natriumbikarbonat erhöhen den pH-Wert, jedoch erhöht sich auch der Gesamtsalzgehalt des Wassers. Ein solch salzhaltiges Wasser ist für Zuchtzwecke nicht mehr geeignet.

Haben solche „kalkhaltigen“ Zusätze Auswirkungen auf die Fische?

Es kann bei übermäßiger und langanhaltender Zugabe zu „Verkalkungserscheinungen" in den Fischorganen kommen.

Gibt es einfachere Möglichkeiten den pH-Wert zu stabilisieren?

In Hälterungsaquarien kann sogenannter Muschelgrus, das sind grob zerstoßene Muschelschalen, für eine konstante Regelung sorgen. Der Muschelgrus wird in den Filter eingebracht. Allerdings ist dies nur eine sanfte Regulierung.

Gibt es Tricks, um den pH-Wert im Zuchtaquarium zu stabilisieren, ohne daß der Leitwert wesentlich steigt?

Die Zugabe von etwas guter Filterkohle sorgt für einige Zeit für eine Stabilisierung. Die Kohle kann in den Filter gegeben oder per Nylonsäckchen einfach in das Aquarium eingehängt werden.

Wie kann auf natürliche Weise der Leitwert des Wassers herabgesetzt werden?

Am einfachsten durch Torfzusatz. Geeignet ist der hellbraune Weißtorf aus Hochmooren. Er nimmt Härtebildner des Wassers auf und gibt Huminsäuren ab. Neben der „Weichmachung" des Wassers kommt also noch ein Ansäuern dazu.

Kann dieses Ansäuern des Aquarienwassers nicht Probleme aufwerfen?

Ja, wenn zu schnell angesäuert wird. Ein langsames Absenken des pH Wertes wird von Diskusfischen gut vertragen.

Kann auch Gartentorf oder Düngetorf verwendet werden?

Nein, denn gedüngter Torf würde Ammonium, Phosphat und Nitrat an das Wasser abgeben, was schlimme Folgen hätte. Nur ungedüngten Torf verwenden. Billiger Torf ist meist ungedüngt. Im Zoohandel ist spezieller Aquarientorf und Torfgranulat erhältlich.

Wie kann ich den Torf auf Düngerfreiheit prüfen?

Eine Handvoll Torf in einem Liter Wasser für einige Stunden einweichen. Danach mit Prüftests auf den Gehalt von Nitrat und Ammonium testen.

Wie stark kann der Torf die Wasserhärte absenken?

Durchschnittlich ein Liter guter Torf kann 50 Liter Wasser um etwa 4-5 Grad Härte absenken.

Fällt beim Torfeinsatz der pH-Wert stark ab?

In der Regel säuert Torf das Wasser an. Wird zuviel Torf über eine längere Zeit verwendet, kann der pH-Wert bis auf pH 3,5 fallen. In sehr weichem Wasser also immer wieder den pH-Wert kontrollieren.

Kann ich mein Leitungswasser mit 15 Grad deutscher Härte mit Torf enthärten?

Im Bereich über 10 Grad deutscher Härte ist ein Enthärten des Wassers ausschließlich mit Torf nicht mehr einfach machbar. Diese Methode wäre unwirtschaftlich und der pH-Wert würde zu stark absinken.

Was versteht man unter einer sogenannten Torfbombe?

Dieser Ausdruck ist von Diskuszüchtern geprägt worden. Ein verschlossenes Gefäß, z.B. ein Plastikfaß oder eine Austauschersäule wird mit Torf gefüllt. Am Auslauf befindet sich ein Sieb. Wasser wird langsam durch den Torf fließen lassen. Diese Torfbombe kann auch als Bypass betrieben werden.

Was ist unter „Bypass" zu verstehen?

Dies bedeutet, daß zum einen die Torfbombe nur zeitweilig in den Wasserkreislauf geschlossen wird, oder daß ein Teil des Filterwassers mit einer Pumpe durch die Torfbombe gedrückt wird, während das restliche Wasser direkt vom Filter wieder ins Aquarium gelangt.

Welche Vorteile hat der Einsatz einer solchen Torfbombe?

Manche Züchter schwören auf den Einsatz. Wenn der Wasserdurchsatz nicht zu hoch ist, kann man schön konstant das Wasser ansäuern und leicht enthärten.

Hat diese Torfbombe auch Nachteile?

Da sie meist nicht schön aussieht, ist sie für Wohnzimmeraquarien weniger geeignet. Bei längerem Betrieb siedeln sich auch Bakterien auf dem Torf an. Ein Ausschalten über mehrere Stunden ist dann schlecht, da die Bakterien absterben und bei Wiederbetrieb in den Wasserkreislauf kommen.

Was ist unter Ionenaustausch zu verstehen?

Vereinfacht ausgedrückt werden Harzkügelchen mit Ionen beladen. Das Wasser läuft jetzt an diesen Kügelchen vorbei. Im Wasser befinden sich zum Beispiel Calcium Ionen. Diese werden von den Kügelchen aufgefangen und festgehalten. Im Austausch für diese eingefangenen Ionen gibt das Harzkügelchen seine Wasserstoffionen an das vorbeifließende Wasser ab. Nach einiger Zeit sind alle Ionen ausgetauscht und das Harz ist vollgeladen oder erschöpft. Jetzt müssen z.B. die Calciumionen abgespült und gegen neue Ionen ausgetauscht werden. Das heißt das Austauscherharz wird regeneriert oder neu geladen.
Dies war eine vereinfachte Darstellung.

Welche Arten der Entsalzung gibt es in der Aquaristik?

Zum Einen die Teilentsalzung und zum Anderen die Vollentsalzung.

Was ist unter Teilentsalzung zu verstehen?

Bei der Teilentsalzung soll besonders kalkhaltige Wasser enthärtet werden. Hierzu wird ein Kationenaustauscher eingesetzt.

Was versteht man unter Vollentsalzung des Wassers?

Verschiedene Harze sind unter den Handelnamen Lewatit S 100, S100G1 oder CNP-LF im Handel. Genaue Gebrauchsanweisungen werden beim Kauf mitgeliefert.
Hier läuft das zu entsalzende Wasser durch zwei Austauscherharze. Zuerst durch einen stark saueren Kationenaustauscher, dann durch einen schwach basischen Anionenaustauscher.

Wie stark wird dabei der Salzgehalt reduziert?

Das vollentsalzte Wasser ist fast völlig salzfrei. Der Leitwert beträgt unter 5 Mikrosiemens/cm.

Hat die Vollentsalzung Vorteile bei der Diskuszucht?

Ja, denn das Ausgangswasser ist neutral und jetzt kann der Diskuszüchter sein Diskuswasser herstellen. Das bedeutet, daß jetzt anderes Wasser untergemischt werden kann, um ein optimales Ergebnis zu erzielen.

Diesem Wasser fehlen aber wichtige Mineralien oder Spurenelemente. Wie kann man diese zugeben?

Im Handel sind verschiedene Spurenelementlösungen erhältlich. Diese können dem Wasser zugesetzt werden. Jedoch ist der Leitwert des Wassers dabei zu beachten. Ein unnötiges Auffhärten ist zu vermeiden.

In letzter Zeit wird Umkehrosmose in der Aquaristik eingesetzt. Wo liegt hier der wesentliche Unterschied zur Entsalzung?

Umkehrosmose ist heute sehr einfach einsetzbar. Es sind viele preiswerte und gute Geräte erhältlich. Das Wasser wird mit Leitungsdruck durch eine Membran gedrückt. Vereinfacht gesagt kann durch diese „Filtermembran" nur das reine Wasser durchdringen. Somit bleiben die Salze und Bakterien zurück.

Fällt bei der Umkehrosmose nicht viel Abwasser an?

Ja, aber von den Kosten her ist es dennoch günstig ca. 20 bis 30 % gutes Wasser zu gewinnen.

Kann ich dieses Abwasser noch anderweitig verwenden?

Ja, denn als Trinkwasser sollte es ja dennoch einwandfrei sein. Allerdings wird der Salzgehalt höher liegen, als beim benutzten Leitungswasser. Eine Verwendung im Garten oder bei Fischen, denen eine größere Wasserhärte lieb ist, ist unproblematisch.

Wieviel Wasser liefert eine kleinere Umkehrosmoseanlage?

Eine kleine Anlage, die um die tausend DM kostet, liefert in 24 Stunden etwa 30 bis 80 Liter Wasser. Die Menge ist abhängig vom Wasserdruck und der Härte des Ausgangswassers.

WASSERZUSÄTZE

Für den Betrieb von Aquarien gibt es im Fachhandel zahlreiche verschiedene Wasserzusätze, die auch zum Teil für Diskusfische Anwendung finden können. Da ein Teil der Diskusfische in Brasilien in typischen Schwarzwassergebieten vorkommt, wollen Aquarianer dieses Schwarzwasser imitieren, in dem sie bevorzugt Torfprodukte in das Wasser geben. Dies kann zum Einen direkt über Filtertorf geschehen, der im Filtersystem eingebracht wird und langsam seine Inhaltsstoffe an das Wasser abgibt. Schneller und farblich effektiver ist die Zugabe von Torfextrakten, die jedoch wenn man es genau nimmt, alle aus europäischem Torf hergestellt werden und eigentlich nicht den typischen Schwarzwasser-Zusammensetzungen Brasiliens entsprechen können. Inzwischen gibt es auch echtes Schwarzwasser-Konzentrat zu kaufen, welches direkt aus Brasilien importiert wird. Hierbei handelt es sich um konzentriertes Flußwasser, aus verschiedenen unbelasteten Flüssen im Amazonasgebiet. Dabei wird die Konzentration des Wassers durch Umkehrosmose vorgenommen. Bei der Umkehrosmose wird das sogenannte Schmutzwasser vom Reinwasser getrennt. Dies bedeutet, daß man bei der Umkehrosmose gutes Trinkwasser bekommt und sozusagen das Schmutzwasser mit den ganzen Inhaltsstoffen wegwirft. Im Falle von „Rio Negro" ist es genau umgekehrt, so daß es ja hier auf die Inhaltsstoffe des Originalwassers ankommt, die bei der Umkehrosmose konzentriert werden. Durch mehrmaliges Wiederholen der Umkehrosmose können die Inhaltsstoffe so konzentriert werden, wie dies sonst nicht möglich ist. Somit enthält dieses echte Schwarzwasserkonzentrat alle im natürlichen Flußsystem vorkommenden Inhaltsstoffe, die jetzt sogar in konzentrierter Form vorliegen. Wenn Sie jetzt zu Hause dieses Originalkonzentrat mit Ihrem Leitungswasser ins Aquarium geben, dann bekommen Sie sozusagen ein fast identisches natürliches Schwarzwasser. Dieses aufwendige Verfahren unterscheidet sich selbstverständlich deutlich von der Anwendung einfacher Flüssigtorfprodukte, die sich jeder Aquarianer eigentlich selbst mit Torf herstellen könnte. Das Original-Schwarzwasserkonzentrat „Rio Negro" ist nur in Spezialgeschäften, die sich mit Diskusfischen beschäftigen, erhältlich. Wichtig ist bei jedem Wasserzusatz, daß der pH-Wert des Aquarienwassers nicht plötzlich stark geändert wird, denn jede stärkere pH-Wert-Veränderung belastet die Fische erheblich. Langsame pH-Wert Absenkungen oder Anhebungen die sich über Tage hinziehen, sind für die meisten Fische unproblematisch.

Diskusjungfische wachsen am schnellsten, wenn regelmäßige Teilwasserwechsel durchgeführt werden. Auch sollte das Wasser, in welchem die kleinen Diskus aufwachsen, nicht absolut mineralarm sein, denn die Heimatgewässer der Diskusfische besitzen zwar einen geringen Leitwert aber dennoch sehr viele Inhaltsstoffe.

Oft wird für gechlortes Leitungswasser ein Wasserzusatz empfohlen, der Chlor wiederum entfernt. Sie können jedoch durch einfaches Belüften des Wassers Chlor selbst entfernen. Auch ist es günstiger, wenn Sie das

Wurzeln können Huminstoffe an das Wasser abgeben und teilweise sogar das Wasser unnötig belasten. Es ist deshalb unbedingt notwendig, nur geeignete Moorkien- oder Steinwurzeln zu verwenden. Im Fachhandel ist eine gute Auswahl vorrätig.
Foto: Killian

Wasser, welches Sie zum Wechseln verwenden, einfach einen Tag belüftet stehen lassen. Dazu geben Sie es in einen entsprechend großen Behälter und hängen einen Ausströmerstein mit Luftbetrieb hinein. Beim Einsatz in Quarantäneaquarien wird oft der Zusatz von etwas Speisesalz empfohlen. Dies ist durchaus in Ordnung, jedoch darf niemals in Zuchtaquarien Speisesalz gegeben werden, da sich der osmotische Druck durch Salzzugabe immer verändert und diese Druckveränderung würde die Eischale wasserdurchlässiger machen und dann käme es zu einer Zerstörung des Zellkerns. Auch erhöht Salz selbstverständlich die Leitfähigkeit des Wassers und nicht nur die Druckbedingungen.
Oft wird auch eine Zugabe von Vitaminen über das Wasser empfohlen, jedoch ist es so, daß einige Vitamine nicht wasserlöslich sind und somit ist ihr Einsatz im Aquarienwasser völlig sinnlos. Die löslichen Standardvitamine sind die Vitamine B und C, wobei das Vitamin C sehr instabil ist und sehr schnell seine Wirkung im Wasser verliert. Günstiger ist es, Vitamine über das Futter beizumischen und den Fischen zu verabreichen, allerdings darf hier auch nicht dauernd überdosiert werden, denn oft ist ein Zuviel des Guten für die Fische eher schlecht. Leider gibt es kaum Untersuchungen über den Vitaminbedarf von Zierfischen, doch schadet es keinesfalls in ein Kilogramm Frostfutter bis zu zehn Milliliter einer flüssigen Vitaminkombination beizugeben. Auch der Zusatz von speziellen Mineralmischungen kann ein gutes Ergebnis bringen, wobei hier pro Kilogramm die Obergrenze bei etwa 30 g liegen sollte, was der Menge von zwei Eßlöffeln entspricht.

Soll dem Diskuswasser Kohlendioxid zugegeben werden?

Normalerweise muß für Diskusfische kein Kohlendioxid zugegeben werden, da weiches Wasser immer dazu neigt in den saueren Bereich abzusinken. Nur bei eingerichteten und bepflanzten Diskusaquarien wäre eine Düngung mit Kohlendioxid für die Pflanzen von Vorteil.

Kann ich die Wasserqualität durch Zugabe von Flüssigtorfprodukten verbessern?

Sinnvoller erscheint ein Einsatz von Torf im Filtersystem. Jedoch darf nicht überdosiert werden, denn sonst sinkt der pH-Wert zu stark ab. Nur geeigneten Aquarientorf verwenden.

Welche Wasserzusätze sind bei der Hälterung von Diskusfischen sinnvoll?

Wird regelmäßig eine größere Menge Wasser gewechselt, finden die Diskusfische gute Verhältnisse vor. Wichtig ist, daß das Wasser entsprechend vorbereitet ist. Selbstverständlich darf es nicht stark gechlort sein. Die Zugabe von Vitaminen und Spurenelementen ist sicher günstig. Jedoch darf nicht überdosiert werden. Der Zoohandel bietet verschiedene Präparate an.

Darf dem Wasser Speisesalz zugegeben werden?

Salz sollte nur in Hälterungsaquarien, nicht in Zuchtaquarien eingesetzt werden. Besser ist es jedoch Meersalz zu verwenden, denn dieses enthält noch weitere Spurenelemente.

In der Apotheke gibt es Mineraldrinks. Könnte ich diese nicht ebenfalls in das Wasser oder das Futter mischen?

Nein, denn die meisten Drinks oder Zubereitungen enthalten Traubenzucker oder Eiweißpulver. Es könnte durch diese Stoffe zu einer Bakterienexplosion kommen. Sie sind völlig ungeeignet für den Einsatz bei Fischen.

Welchen Vorteil hat die Verwendung von „Rio Negro" oder „Rio Negro Plus", Wasserzusatz im Diskusaquarium?

Durch diese neuartigen echten Schwarzwasserkonzentrate fügen Sie dem Diskusaquarium die Inhaltsstoffe der natürlichen Flüsse zu, welche wir in unserem Leitungswasser nicht mehr bieten können.

Wieso hat das Flußwasser des Rio Negro in Brasilien einen so geringen Leitwert, aber optisch soviele Inhaltsstoffe?

Der Leitwert sagt nicht aus, daß ein Wasser unbedingt viel oder wenig Inhaltsstoffe haben muß. Denn gerade im Schwarzwasser des Rio Negro in Brasilien befinden sich soviele gelöste Stoffe die keine Auswirkung auf den Leitwert besitzen. Diese Stoffe sind noch nicht erforscht und auch nur sehr schwer bestimmbar. Deshalb ist mit dem Schwarzwasserkonzentrat Rio Negro endlich die Möglichkeit gegeben, unseren Diskusfischen die Stoffe anzubieten, die wir überhaupt nicht messen, bzw. feststellen können. Ein kleines Restgeheimnis wird also immer bleiben, was die Zusammensetzung der natürlichen Heimatgewässer unserer Diskusfische angeht. Tatsache ist jedoch, daß immer wieder Diskuszüchter von plötzlichen Zuchterfolgen berichten, nachdem sie „Rio Negro" bzw. „Rio Negro Plus" angewendet hatten. Keinesfalls sind diese echten Schwarzwasserkonzentrate mit Torfmischungen zu verwechseln. Torf stammt aus Europa, während Rio Negro ein Konzentrat aus Brasilien, der Heimat unserer Diskusfische ist.

Gibt es Wasserzusätze die speziell für das demineralisierte Diskuszuchtwasser geeignet sind?

Das künstlich demineralisierte Diskuszuchtwasser ist sehr arm an Mineralstoffen und es empfiehlt sich, einige essentielle Mineralstoffe wieder gezielt zuzuführen. Allerdings kann dies nicht auf gut Glück geschehen und es empfiehlt sich, hier auf spezielle Mineralmischungen, bzw. Zuchtmischungen zurückzugreifen.

Gibt es Pflanzenextrakte, die Torf bei der Diskuszucht ersetzen können?

Ja, es gibt es neuartige Pflanzenextrakte, die wesentlich besser für Zuchtaquarien geeignet sind als Torf, denn Torf ist ja ein relativ totes Produkt, was schon dadurch bewiesen wird, daß in Torfmooren kein Kleinstleben mehr möglich ist, da der pH-Wert einfach zu sauer ist.

Wieviel Salz ist ins Wasser zu geben?

Nach jedem Teilwasserwechsel, höchstens jedoch wöchentlich ein Teelöffel Meersalz auf 100 l Wasser.

Wieso darf Salz nicht im Zuchtaquarium eingesetzt werden?

Salz erhöht die Leitfähigkeit des Wassers und verändert die Druckbedingungen. Diskuseier würden durch den höheren osmotischen Druck zerstört.

FÜTTERUNG

Die Ernährunggewohnheiten von Diskusfischen in der freien Natur sind teilweise von Liebhabern erforscht worden, jedoch gibt es auch hier sicherlich noch einige Geheimnisse zu lüften. Was Diskusfische im Aquarium fressen, kann sehr einfach damit umschrieben werden, da sie eigentlich Allesfresser sind. Es ist mehr oder weniger eine Frage der Gewöhnung, was Diskusfische im Aquarium als Futter akzeptieren.
Bei den Fischen werden drei Gruppen von Kostformen unterschieden. Da gibt es zum Einen carnivore, welche Fleißfresser sind. Mit diesem Begriff ist die Vorstellung von Jägern und Räubern im Wasser verbunden. Carnivor bedeutet übersetzt lediglich verzehren von Fleisch und trifft somit auch auf totes Material zu. Fleischfressende Zierfische ernähren sich auch von Würmern, Krustentieren, Insekten und natürlich anderen Fischen. Sie alle haben eines gemeinsam und das ist ihr hoher Bedarf an Eiweiß und Fett.
Die zweite Gruppe sind die pflanzenfressenden Fische, die als herbivore bezeichnet werden. Rein pflanzenfressende Fische sind in der Natur nicht so weit verbreitet, denn sie haben sich ja auf pflanzliche Stoffe und hier im Besonderen auf Algen spezialisiert. Wir kennen alle die im Aquarium beliebten Algenfresser, die dafür sorgen können, daß unerwünschte Algenbestände erst gar nicht groß werden. Für diese Pflanzenfresser sind neben den pflanzlichen Kohlehydraten auch Eiweiße pflanzlicher Art wichtige Nahrungsstoffe.
Die dritte Gruppe ist eine sehr weit verbreitete Gruppe, die als allesfressende Fische bezeichnet werden kann. Sie werden omnivore genannt. Ihre Nahrung setzt sich sowohl aus fleischlichen,wie auch pflanzlichen Bestandteilen zusammen. Sie benötigen Eiweißstoffe, Kohlenhydrate und Fettsäuren. Je nach Art kann es sein, daß pflanzliche Stoffe den Hauptteil bilden oder bevorzugt tierisches Futter gejagt wird.

In einer Profizuchtanlage werden riesige Mengen von Artemianauplien benöigt, da dieses Erstfutter für die Diskusbrut von großer Bedeutung ist.

Viele Diskusliebhaber bereiten sich einen eigenen Futterbrei zu, dessen Hauptanteil meist Rinderherz ist, wobei jedoch berücksichtigt werden muß, daß Rinderherz in seiner Struktur sehr grobfasrig und teilweise schwer verdaulich ist. Ernährungswissenschaftler lehnen den Einsatz von Rindfleisch bei Diskusfischen ab.

Wesentlich feiner in der Struktur ist Truthahnherz, das jedoch sehr arbeitsintensiv zubereitet werden muß. Mit Zusätzen mit naturidentischem Astaxanthin wird dieses Spezialfutter angereichert und somit können die in der Natur vorkommenden roten Farbstoffe den Diskusfischen zugefüttert werden. Nach einigen Wochen intensivieren sich ganz deutlich die Farben.

Aquarienfische sind meist etwas überernährt, denn die aufmerksamen Pfleger neigen dazu, regelmäßig und gut zu füttern. In der Natur wachsen deshalb die Fische auch nicht so schnell heran wie dies im Aquarium meist der Fall ist. Betrachten Sie nur einmal die Bachforelle, die in der freien Natur etwa die doppelte Zeit benötigt, um zur gleichen Größe heranzuwachsen wie die Zuchtforelle, die täglich viele Futterportionen angeboten bekommt.

Bei Diskusfischen ist das Futterspektrum sehr groß, denn sie gehören zu den Allesfressern, wenngleich ihnen auch immer ein heikles Futterverhalten nachgesagt wird. Doch der Pfleger hat die Möglichkeit, seine Diskusfische an viele Futterstoffe zu gewöhnen, wenn er sie bereits als Jungfische entsprechend trainiert. Macht man es sich als Pfleger sehr einfach und schmeißt immer nur gefrorene Mückenlarven schnell in das Aquarium, dann werden die Diskusfische schon bald kein anderes Futter mehr ansehen und schnell sind sie einseitig verwöhnt. Es ist deshalb äußerst wichtig, bereits im Stadium von wenigen Lebenswochen die Fische mit einer großen Futterpalette zu versorgen. Diskusfische akzeptieren dann auch alle handelsüblichen Ersatzfutterstoffe, wie Diskusgranulate oder Flockenfutter. Auch Tablettenfutter wird sehr gern von jungen Diskusfischen angenommen und fällt eventuell bei erwachsenen Diskus dann als Futter aus, weil es zu fein ist. Frostfuttersorten gibt es in großer Auswahl und Sie sollten sich einige gut geeignete Futtersorten heraussuchen und abwechselnd verfüttern. So lassen sich Diskusfische auch sehr gut an kleine Krustentiere wie Krill oder ausgewachsene Artmiakrebschen gewöhnen und dies hat insofern Vorteile, weil diese Futtertiere natürliche Carotinoide in ihren Schalenteilen enthalten. Diese Carotinoide verleihen den Diskusfischen prächtige Farben. Auch speziell mit Carotinoiden angereichertes Frostfutter wie z.B. „Discus color" ist für diesen Zweck hervorragend geeignet.

In der Natur verändert sich die Nahrungsaufnahme wesentlich mit dem Temperaturgefälle. Sinkt oder steigt die Temperatur unter oder über das vom Fisch bevorzugte optimale Temperaturspektrum, so schränkt dieser die Aufnahme von Nahrung ein. In der Aquaristik ist dieses Phänomen kaum zu beobachten, denn dort werden die Temperaturen ja gewöhnlich konstant gehalten. Für Diskusfische kann ausgesagt werden, daß sie bei höheren Temperaturen von 30 bis 32 °C am intensivsten fressen. Dies trifft besonders auf Jungfische zu. Die Eiweißstoffe in der Nahrung werden in der ersten Linie zur Bildung von Geschlechtsprodukten verwendet und von der gesamten Nahrungsmenge dient etwa ein Drittel dem Wachstum des Fischs. Ein weiteres Drittel dient der Grundlage für den Stoffwechsel, also der gesamten Körperfunktion. Hierzu gehören Atmung, Verdauung und zum Beispiel der Blutkreislauf. Auch die Bewegung bzw. das Schwimmen gehört zu diesem Stoffwechsel. Bei diesen Körperfunktionen werden besonders Fette und Futterstoffe in Energie umgewandelt. Bei chemischen Reaktionen im Körper fallen Nebenprodukte an, so wird beispielsweise Kohlendioxid durch die Atmung abgegeben und Fäkalien in das Wasser abgesetzt. Selbstverständlich geben Fische Urin in das Aquarienwasser ab. Diese Abfallstoffe müssen aus dem Wasser wieder entfernt werden, was entweder durch eine entsprechende Filterung oder durch Teilwasserwechsel bewirkt wird.

Mit der Nahrung müssen Fische auch Vitamine und Mineralstoffe aufnehmen. Vitamine und Mineralstoffe sind keine Energieträger, sondern dienen dem korrekten Verlauf von Stoffwechselvorgängen. Sie sind wie bei uns Menschen auch von größter Wichtigkeit und werden in der Versorgung mit Futter manchmal etwas vernachlässigt. Eine vitaminarme Ernährung mit teilweise fehlenden Vitaminen führt zu Wachstumsschäden und einer Verminderung der Abwehrkräfte gegen Krankheiten und Parasitose. Auch kann es zu Deformationen des Skeletts führen. Körpermißbildungen können also auf mangelnde Vitaminversorgung und Mineralstoffmangel zurückzuführen sein. Es gibt wenigstens ein Dutzend verschiedener Vitamine, die alle für den Organismus wichtig sind. Auch wenn sie teilweise nur in winzigsten Mengen benötigt werden, können Lebewesen doch nicht darauf verzichten. Um Fische mit zusätzlichen Vitaminen zu versorgen, greifen manche Futterhersteller zu einer zusätzlichen Vitaminisierung des Futters. Wenn dann der Vitamingehalt auf der Verpackung angegeben wird, ist dies begrüßenswert. Ebenso wie die Vitamine sind auch die verschiedensten Mineralstoffe für die Gesundheit von Diskusfischen unverzichtbar. Auch wenn sie ebenfalls nur in teilweise sehr geringen Mengen erforderlich sind. Ihr Fehlen führt besonders oft zu Wirbelsäulendeformationen. Die wichtigsten Mineralstoffe sind das Calcium und Phosphor. Calcium ist ein Grundbaustein für die Knochen und wird auch für die Muskelbewegungen sehr stark benötigt. Viele Stoffwechselvorgänge werden erst durch Mineralstoffe ermöglicht. Die chemischen Reaktionen in den Zellen machen Mineralstoffe unverzichtbar. Fische haben die Möglichkeit, Mineralstoffe auch über das Wasser aufzunehmen, aber dennoch muß gerade bei mineralstoffarmen Wasser eine Grundversorgung mit Mineralien durch die Nahrung gewährleistet werden.

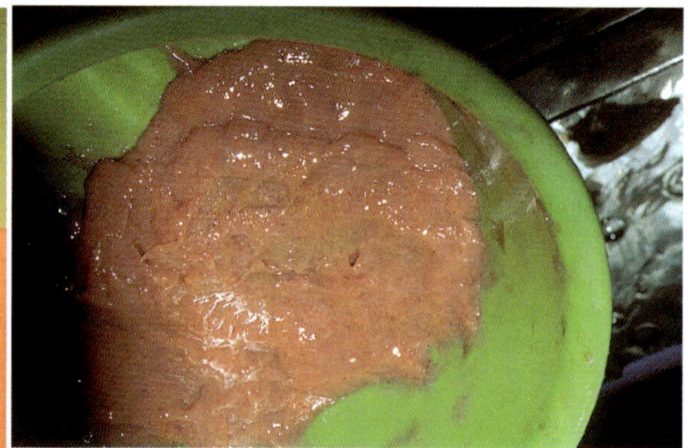

Werden Diskusfische mit Hormonen zusätzlich gefüttert, so kommt es zu einer übermäßigen Ausbildung der Beflossung, die sich dann in fahnenartigen Fortsetzungen darstellt.

In Südostasien werden sehr viele Krebsarten dem Futter beigemischt, wobei Garnelen einen besonderen Anteil haben. Da dieses Futter hier besonders billig ist, steht es auch immer zur Verfügung.

In der modernen Aquaristik werden dem Aquarianer zahlreiche Fertigfutter anhand gegeben, so daß er seine Fische bestens mit diesen Futtersorten versorgen könnte. Besonders für Diskusfische gibt es inzwischen ein sehr großes Angebot von speziellem Diskusfutter, meist in Granulatform. Selbstverständlich müssen alle Kunstfuttersorten, dunkel, kühl und trocken aufbewahrt werden und der überheizte und möglicherweise feuchte Diskuskeller ist sicherlich der falsche Platz für größere Mengen von Fertigfutter, denn bei falscher Lagerung kommt es zu unerwünschten Reaktionen im Futter und diese müssen nicht einmal optisch zu erkennen sein. Also ist es günstiger, wenn Sie das Futter in einem gekühlten Nebenraum aufbewahren und nur geringe Mengen Futter im Aquarienraum aufheben.

Diskusaquarianer mischen sich oft selbst ihre Futtersor-

Lebendfutter spielt in Südostasiatischen Züchtereien eine große Rolle und bevorzugt werden Tubifex und rote Mükkenlarven an Diskusfische lebend verfüttert.

ten an und benutzen hierzu als Basis meist rohes Fleisch, Speisefische, Eigelb, Garnelen, Miesmuschel, Spinat, Blattsalat sowie Vitamine und Mineralstoffe. Leider ist bei Diskusfreunden Rinderherz noch ein sehr stark verbreitetes Fischfutter, doch Ernährungsspezialisten lehnen Rindfleisch wegen seiner absoluten Grobfasrigkeit eindeutig ab. Wahrscheinlich wird Rinderherz deshalb noch so stark eingesetzt, weil es sich hier um ein relativ billiges Fleischprodukt handelt. Da es jedoch sicherlich nicht einfach sein wird, Fütterungsgewohnheiten schnell umzustellen, muß zumindest der Hinweis erlaubt sein, nicht ausschließlich Rinderherz zu verfüttern, sondern möglichst oft andere Futterstoffe anzubieten. Gerade die herrliche Farbe der Diskusfische wird durch ständigen Rinderherzverzehr beeinflußt, denn Rinderherz enthält keinerlei Carotinoide, wie sie zum Beispiel in Krustentieren vorkommen.

Lebendfutter ist ein wichtiges Futter und Sie sollten Ihren Diskusfischen regelmäßig Lebendfuttergaben anbieten. Wobei unter Lebendfutter auch gefrostetes Futter zu verstehen ist. Heute werden die gängigen Lebendfuttersorten alle in tiefgefrorener Form angeboten. Sehr gängige Futtertiere sind rote Mückenlarven, schwarze und weiße Mückenlarven, Artemiakrebschen, Wasserflöhe und Krill. Alle diese Futtersorten werden gerne von Diskusfischen genommen, vorallem dann, wenn ihnen schon von frühester Jugend an diese Futtersorten bekannt gemacht wurden. Auch die Zucht von Enchyträen, einer weißen Wurmart, ist durchaus empfehlenswert, denn zwei- bis viermal in der Woche Enchyträen gefüttert, stellt eine tolle Abwechslung für Ihre Diskusfische dar, denn die Enchyträen werden schließlich lebend verfüttert und lösen einen stärkeren Reiz auf die Fische aus.

Bei Diskusaquarianern sind Artmia-Nauplien ein sehr beliebtes Futter für Diskusjungfische. Auch für größere Diskusfische können diese Artmiakrebschen verfüttert werden, wenn sie ein Größe von fünf bis zehn Millimetern erreicht haben. Es gibt diese Artemiakrebschen auch als tiefgekühlte Ware zu kaufen. Artemiaeier werden im aquaristischen Fachhandel angeboten. Ihre Qualität im Bezug auf die Schlupfrate und die Größe der Nauplien schwankt etwas je nach Herkunft und Art der Lagerung. Sehr viele Artemiaeier werden aus den USA exportiert. Die Aufzucht von Artemia-Nauplien ist recht einfach. Sie benötigen lediglich etwas Salzwasser, welches mit normalem Kochsalz hergestellt werden kann. Besser ist es jedoch, wenn Sie gleich ein Salz für Meerwasseraquarien verwenden. Pro Liter Wasser benötigen Sie 30 Gramm Salz. Das Salzwasser soll auf eine Temperatur von etwa 24-26 °C eingestellt werden, da hier der Schlupf am besten und schnellsten gelingt. Pro Liter Wasser werden etwa 0,5 bis 1,0 Gramm Artemiaeier zum Ansatz gegeben. Dies entspricht einer guten Messerspitze voll Eier oder höchsten einem halben Teelöffel. Bei einem durchschnittlichen Schlupferfolg wären dies bereits 200.000 bis 300.000 Nauplien, die in diesem Liter Meerwasser schlüpfen. Also schon eine ganz beachtliche Zahl von Kleinstfutter für Ihre Diskusbrut. Etwa ab dem fünften Tag des Freischwimmens können Diskusfische schon mit frischgeschlüpften Artemiakrebschen gefüttert werden. Es ist sogar möglich, diese Artmia-Nauplien zu ernähren und größer zu ziehen. Allerdings ist es nicht ganz einfach, denn sie müßten Algenplankton oder ein spezielles Artmiafutter besorgen, was dann die Möglichkeit gibt, etwa fünf bis zehn Tage lang die Krebschen zu ernähren. Wenn Sie sie noch länger aufziehen möchten, müßten Sie spezielle kleine Meerwasseraquarien einrichten, die gut funktionieren, damit eine vielversprechende Aufzucht gelingt. Ständig muß Futter für die Nauplien zur Verfügung stehen und so ist es doch letztendlich viel einfacher, sich gefrostete ausgewachsene Nauplien im Zoofachgeschäft zu kaufen, um diese an größere Diskusfische zu verfüttern. Die frischgeschlüpften Nauplien aus den Eiern sind jedoch ein ideales Diskusfutter, wenn sie vor der Verfütterung mit Süßwasser abgespült werden. Obwohl selbstverständlich genetische Eigenschaften wie Farbe, Geschlecht oder Größe eines Diskusfischs von der Natur vorgegeben werden, ist die Nahrung ein wichtiger Faktor für die Entwicklung und das Wachstum. Gerade das Wachstum und die spätere Größe können von der Nahrungs-

zusammensetzung stark beeinflußt werden. Diskusfische benötigen unbedingt neben tierischer auch pflanzliche Kost. Jedoch ist es so, daß in Futtertieren auch ein gewisser Anteil von Grünfutter enthalten ist. Denn die Futtertiere haben sich in der Regel von pflanzlichem Material ernährt. In den Flüssen Brasiliens ist ein Nahrungsschwerpunkt für Diskusfische der Verzehr von kleinen Süßwassergarnelen. Diese Garnelen ernähren sich wiederum von Algen und anderem pflanzlichen Material, so daß Diskusfische ausreichend Pflanzenkost aufnehmen. Und der Carotinoidgehalt dieser Garnelen bewirkt eine stärkere Färbung der Wildfänge, als dies in Heimaquarien mit Ersatzfutter möglich wäre, wenn nicht auch hier carotinoidhaltiges Futter beigefüttert würde. Da Diskusfische wechselwarme Tiere sind, benötigen sie keine Energie zur Aufrechterhaltung der Körperwärme. Auch das Schweben im Wasser erfordert nur wenig Aufwand. So können Diskusfische monatelang ohne Futter auskommen, ohne größere Mangelerscheinen zu zeigen. Selbstverständlich wäre dieser Umstand nicht so günstig, aber manchmal ist es in der Praxis tatsächlich so, daß neuerworbene große Fische wochenlang die Nahrungsaufnahme verweigern. Aus diesem Grunde ist es auch wichtig, daß Diskusfutter mit Vitaminen und Mineralstoffen angereichert wird. Besonders tierische Eiweißträger besitzen viele Mineralstoffe, die essentielle Bestandteile einer ausgewogenen Diskusfütterung sind. Gerade die Mengenelemente Calcium, Magnesium, Kalium, Chlor, Natriumphosphor und Schwefel werden in weit größeren Mengen vom Organismus benötigt, als dies oft angenommen wird. Spurenelemente, die wie der Name schon sagt, nur in Spuren benötigt werden, können auch über die Fischhaut und die Kiemenblättchen aufgenommen werden. Dies ist ein Grund, daß es wichtig ist, das Aquarienwasser mit Spuren dieser Mineralstoffe zu versehen. Durch Vollentsalzung oder Umkehrosmoseanlagen werden diese erwünschten Mineralstoffe in großer Menge herausgefiltert. Sie sollten deshalb unbedingt darauf achten, diese Spurenelemente anschließend wieder zuzusetzen. Eine sehr gute Möglichkeit dies zu tun, ist die Zugabe von „Rio Negro plus", welches das erste Schwarzwasserkonzentrat aus Brasilien ist. Hier wird echtes Schwarzwasser in konzentrierter Form mit zusätzlichen Mineralstoffen versetzt, um die optimale Wasserbeschaffenheit der Heimatgewässer der Diskusfische zu garantieren. Es ist bei weitem noch nicht erforscht, inwieweit diese Spurenelemente einen großen Einfluß auf die Eireifung bei Diskusfischen besitzen.Im Amazonasgebiet haben die Flüsse zwar einen sehr geringen Leitwert, aber der Gehalt an Mineralstoffen ist dennoch sehr groß. Die totale Demineralisierung des Wassers, die in der Aquaristik immer angestrebt wird, ist also nicht optimal für die Diskuszucht.
Wie bereits erwähnt, sind Diskusfische Allesfresser, die neben tierischem Futter auch rein pflanzliches Futter zu sich nehmen. Diskusfische lieben es, ihr Futter vom Boden aufzunehmen, wobei sie relativ kleine Futterstücke bevorzugen. Diskusfische sind Nahrungsschlinger, was bedeutet, daß sie das gesamte Futterstück ins Maul schlingen und zu schlucken versuchen. Sie kauen kaum auf der Nahrung herum und deshalb muß Diskusfutter nicht nur gut riechen, sondern auch gut schmecken, damit es akzeptiert wird. Immer wieder sieht man Diskusfische neues Futter ausspucken und es dauert eine Zeitlang, bis sich Diskusfische auf ein neues Futter umstellen lassen. Ganz wichtig ist die Futterfarbe, denn Futter mit intensiver Rotfärbung wird eindeutig bevorzugt. Da wir Diskusfischen kaum noch lebendes Futter anbieten, fällt das Fluchtverhalten des Futters, also die Bewegung, weitgehend weg. Deshalb ist auch das Absinkverhalten des Ersatzfutters wichtig. Schon nach kurzer Zeit sollte ein Teil des angebotenen Futters langsam zu Boden sinken. Gerne blasen die Diskusfische in den Sandboden, soweit dieser im Aquarium vorhanden ist, und suchen so nach Futter. Diskusfische lernen auch schnell ihren Pfleger kennen und wissen genau, wann eine Fütterung angesagt ist. Neue Futtersorten, an die die Fische gewöhnt werden sollen, müssen aus logischen Gründen auch als erstes Futter am Tag angeboten werden. Da haben die Fische den größten Hunger und warten auf ihr Futter. Allerdings sollten Sie nach Einschalten der Beleuchtung mindestens eine halbe Stunde warten, bevor Sie mit der ersten Fütterung beginnen, denn Diskusfische schlafen und benötigen eine gewisse Zeit, um richtig aktiv zu werden.
Wie oft Diskusfische täglich zu füttern sind, hängt sehr stark von ihrer Körpergröße ab. Ausgewachsene oder fast ausgewachsene Diskusfische kämen schon mit einer Fütterung täglich aus. Jedoch ist es für den Aquarianer sicher interessanter, wenn er seine Fische zwei- bis dreimal täglich füttert. Dann hat er auch die Möglichkeit, verschiedene Futtersorten anzubieten und nur soviel zu verfüttern, wie in relativ kurzer Zeit auch verspeist wird. Es macht nämlich keinen Sinn, nur einmal viel Futter zu geben und zuzusehen, wie dieses dann vielleicht für Stunden im Aquarium herumschwimmt. Futterreste sind eigentlich immer relativ schnell abzusaugen, um ihren Verderb zu verhindern.
Bei kleineren Diskusfischen sieht es schon wieder etwas anders aus mit dem Füttern. Kleine Diskusfische sind in

Haben die kleinen Diskusfische erst einmal eine Größe von vier bis sechs Zentimetern erreicht, können sie jede Art von Futter zu sich nehmen und es ist jetzt wichtig, sie an alle gewünschten Futterarten zu gewöhnen.

Größere Diskusfische müssen nicht so oft wie kleine Diskus gefüttert werden, jedoch ist auch hier ein drei- bis viermaliges Füttern am Tag angebracht, wenn die Futterreste anschließend wieder abgesaugt werden.

der Wachstumsphase und bedürfen mehrere Male am Tag einer Fütterung. Je nachdem, wieviel Zeit Sie zur Verfügung haben, sollten Sie schon versuchen Ihre kleinen Diskusfische vier bis sechsmal täglich zu füttern. Sofern Sie Zeit und die Möglichkeit haben, die Fische noch öfters zu füttern, steht dem nichts im Wege. Allerdings ist zu berücksichtigen, daß bei großen Futtermengen und häufiger Fütterung die Belastung des Wassers wesentlich größer ist. Es empfiehlt sich deshalb immer, in Aufzuchtaquarien mit vielen Jungfischen und starker Fütterung regelmäßig Teilwasserwechsel vorzunehmen. Auch müssen Futterreste täglich abgesaugt werden, was auch einem Teilwasserwechsel entspricht. Machen Sie hier lieber etwas mehr als zu wenig, denn diese Teilwasserwechsel kommen der Gesundheit Ihrer Diskusfische zu gute.

Wie wir wissen verhält es sich ja bei Diskusbrut mit der Ernährung etwas anders, denn Diskuslarven beginnen nach dem Schlupf und dem Freischwimmen sofort mit dem Anschwimmen der Elterntiere. Die Elterntiere haben ein Hautsekret gebildet, welches aus einem Nährschleim besteht. Dieser Nährschleim ist die wichtigste Nahrung für kleine Diskusfische. Während der ersten Tage benötigen sie unbedingt dieses Spezialfutter. Durch genaue Untersuchungen von Prof. Bremer und Dr. Walter wurde festgestellt, daß es sich bei dem Nährschleim auf der Hautoberfläche der Elterntiere um ein komplexes Gewebe aus Schutz- und Nährstoffen handelt. Die Haut der Eltern ist während der Brutpflege mit Bakterien bewachsen und auch Kieselalgen wurden in den Därmen der Larven nachgewiesen. Diese Kieselalgen deuten darauf hin, daß die kleinen Larven bereits zusätzlich vorhandene mikroskopisch feine Nahrung aufnehmen konnten. Die Bakterien, die die Larven von den Eltern abweiden, dienen zum Anschub des eigenen Verdauungssystems und sind deshalb sehr wichtig. Dies ist auch ein Hauptgrund, weshalb die künstliche Aufzucht der Diskuslarven abzulehnen ist, da einfach wichtige Vorgänge unterbunden werden.

Die Entwicklung der Nährzellen ist abhängig von der hormonalen Steuerung. Alttiere sollten deshalb während der Brutpflege keinerlei Streß haben, weil Streßsituationen zur Rückbildung der Nährzellen führt. Haben Sie schon einmal darüber nachgedacht, wenn Sie feststellten, daß Ihre Diskuseltern kaum Nährschleim bildeten. Gelingt es, die geschlüpften Larven mit den Hautzellen und Bakterien dieses Nährschleims während einiger Tage zu füttern, so besitzen sie eine sehr hohe Überle-

benschance. Bei der künstlichen Aufzucht, die unter großem Arbeitsaufwand ablaufen muß, ist die Überlebenschance der Jungtiere viel geringer und niemand kann sagen, was tatsächlich für Schäden bei der künstlichen Aufzucht entstehen können.
Das erste Zusatzfutter für Diskusfische sind Artemia-Nauplien. Diese Kleinkrebschen werden in Flaschen mit Salzwasser gezüchtet. Es ist sehr günstig, diese geschlüpften Artemia-Nauplien vor dem Verfüttern an Diskusjungfische mit etwas Hefe oder einer speziellen Artemianahrung aus dem Zoofachgeschäft zu füttern. Erst wenn diese Kleinkrebschen einmal gefüttert wurden, ist ihr Verdauungstrakt in Gang gekommen und jetzt stellen sie ein viel wertvolleres Futter für die kleinen Diskusfische dar. Stellen Sie sich einmal vor, daß durch das Füttern der Kleinkrebschen ja die Verdauungssäfte in diesem kleinen Krebsmagen in Gang gekommen sind. Dieser ganze biologische Ablauf kommt unseren Diskuslarven zugute. Auch können Sie dem Zuchtwasser der Kleinkrebse einige Vitamintropfen zufügen, was wiederum bedeutet, daß die Krebschen Vitamine aufnehmen, die sie dann an die Diskusfische weitergeben. Kleine Diskusfische sollten schon baldmöglichst weitere Zusatzfutter angeboten bekommen, damit sich ihre Nahrungspalette entsprechend erweitert und die Versorgung mit vollwertigen Nährstoffen baldmöglichst gewährleistet ist.

Welches Futter ist geeignet für Diskusfische?

Diskus sind eigentlich Allesfresser. Wichtig ist es Diskusfische an das Futter zu gewöhnen. So ist es möglich dem Diskus jedes Futter schmackhaft zu machen.

Welches Futter ist zu bevorzugen?

Die Futtersituation hat sich in den letzten Jahren geändert. Speziell für Diskusfische. Viele Lebendfutterarten sind belastet. So ist es möglich, daß rote Mückenlarven Schwermetalle enthalten, die sich im Fisch speichern und zu ernsthaften Erkrankungen führen können. Bevorzugt werden müssen einwandfreie Futtersorten. Dazu gehören weitgehend Brine Shrimps, Artemia, Krill, aufbereitetes Truthahnherz, weiße Mückenlarven, Fertigfutter und Enchyträen.

Welches Futter sollte nicht mehr gegeben werden?

Ganz sicher müssen Tubifex-Würmer von der Speisekarte für Diskusfische gestrichen werden. Rote Mückenlarven dürfen nur eingeschränkt verfüttert werden. Rinderherz ist, laut Dr. Schmidt-Focke, wegen seines möglichen Hormongehaltes, abzulehnen. Wir empfehlen eine Einschränkung.

Welches Futter verwenden Sie in Ihrer Diskusanlage?

Die Vielfalt macht es! Das kann unterschrieben werden. Für erwachsene Diskus sieht ein Futtertag folgendermaßen aus: Vormittags eine große Portion aufbereitetes Truthahnherz aus eigener Produktion (als Discus Profi Menue im Zoohandel). Die zweite Fütterung besteht aus Enchyträen oder kleinen Regenwürmern. Die dritte Fütterung geschieht wieder mit Discus Profi Menue und die vierte Fütterung gegen Abend dann mit Brine Shrimps oder einem speziellen Muschelfleisch. Hier können noch kleine Mengen von Fertigfutter untergemischt werden.

Wie oft werden kleine Diskusfische gefüttert?

Kleine Fische sollten so oft als möglich gefüttert werden. Allerdings ist ein regelmäßiger Teilwasserwechsel dann sehr wichtig, da sonst das Wasser zu sehr belastet wird. Besonders der Nitratgehalt des Wassers ist dabei zu beachten. Bei Jungfischen sollte er nicht über 50 mg/l liegen. Mindestens fünfmal, besser bis zu zehnmal sollten kleine Diskus gefüttert werden.

Welches Futter ist für kleine Diskus geeignet?

Das hängt etwas von der Größe der Fische ab. Bis zu einer Woche ernähren sich die Kleinen ausschließlich vom Nährschleim der Eltern. Ab etwa dem fünften Tag kann mit der Zufütterung von gereinigten Artemia Nauplien begonnen werden. Bereits nach 14 Tagen lassen sich Cyclops zufüttern. Auch Mikrowürmchen (Zucht) sind gut geeignet. Haben die Diskus etwa die Größe eines Pfennigstückes erreicht, sollte weiteres Futter gereicht werden. Fein zerkleinertes Truthahnherz (Baby-Fisch-Menue im Zoohandel) oder Brine Shrimps, sowie weiße Mückenlarven können auf einer Haushaltsreibe zerkleinert und gefüttert werden. Auch Trockenfutter und Futtertabletten gehören jetzt zu dem Speiseplan. Wichtig ist immer das tägliche Absaugen der Futterreste.

Kann ich mein Diskusfutter zusätzlich vitaminisieren?

Ja, wenn das Futter vom Hersteller nicht ausreichend vitaminisiert wurde. Auch beim Verfüttern gefrosteter Futtertiere empfiehlt es sich Vitamine beizufüttern. Wenn Sie aber ein vitaminisiertes Futter, wie Profi Fisch Menue, oder Baby Fisch Menue verwenden, ist es nicht mehr nötig zusätzlich Vitamine ins Wasser oder Futter zu geben.

Wie kann ich die Vitamine in das Futter mischen?

Optisch ist dies zwar einfach, denn die flüssigen Vitamine werden nur aufgeträufelt. Praktisch ist es aber so, daß die Vitamine A, D, E, K nur fettlöslich sind und deshalb in einer öligen Lösung angeboten werden. Diese ölige Lösung schwimmt nach oben. Somit können nur wasserlösliche Vitamine auf diese einfache Art unter das Futter gemischt werden. Zu beachten ist auch die Dosierung. Vitaminprodukte, die z.B. Zucker enthalten, sind nicht geeignet.

Welche Vitaminlösungen sollte ich kaufen?

Im Zoohandel sind verschiedene Mischungen erhältlich. Auch in der Apotheke finden Sie geeignete Mittel.

Wie kann ich Medikamente unter das Futter mischen?

Zerkleinertes Fleisch oder Shrimps können gut mit pulverisierten Medikamenten vermischt werden. Oft fressen jedoch die Fische schon nichts mehr. Medikamente, die über lebende Mückenlarven verabreicht werden sollen sind schlecht zu kontrollieren, denn wie will man wissen wieviel Medikamte die Mückenlarven aufgenommen haben. Außerdem werden die Medikamente teilweise in dem Verdauungstrakt der Mückenlarven verändert. Am besten werden Medikamente über das Aquarienwasser verabreicht. Es gibt leider keine genauen Dosierungen für diese Medikamentenfütterung.

Gibt es spezielle Farbfutter für Diskusfische?

Ja, im Handel gibt es einerseits Granulate die mit Farbstoffen versehen sind und bei entsprechend langer Fütterung werden die Diskusfische in der Farbe etwas stärker rot. Es wurde in letzter Zeit auch versucht, Flockenfutter mit Farbstoffen für die Umfärbung von Diskusfische einzuführen. Desweiteren gibt es ein Frostfutter Namens „Discus-Color-Profimenue", welches auf der bewährten Truthahnherzmischung von Bernd Degen aufbaut. Dieses „Discus-Color" wird mit Astaxanthin-Farbstoff angereichert, so daß nach etwa zwei bis vier Wochen die Diskusfische herrliche Rottöne entwickeln. Es handelt sich hier lediglich um eine natürliche Verstärkung der vorhandenen roten Farbzellen bei den Diskusfischen. Blaue Diskusfische werden am Körper keine Rottöne entwickeln, jedoch in den Flossensäumen werden sich Rottöne zeigen.

DISKUSZUCHT

Um Diskusfische erfolgreich nachzuziehen, bedarf es einiger Vorbereitungen und glücklicher Umstände, denn die Diskuszucht gehört immer noch zu den absoluten Highlights in der Aquaristik. Wenn man einmal 30 Jahre zurückdenkt und berücksichtigt, wie schwierig es damals noch war, Diskusfische nachzuziehen und wie relativ einfach es heute geworden ist, dann sieht man, daß die Entwicklung in der Aquaristik enorm ist. Alle technischen Möglichkeiten, die uns heute zur Verfügung stehen, leisten auch ihren Beitrag für die erfolgreiche Diskuszucht.
Am Anfang der Diskuszucht steht die Auswahl der Zuchttiere und die Suche nach einem perfektem Diskuspaar. Diskusfische sind Cichliden und führen eine regelrechte Fischehe, wie man dies auch von vielen anderen Cichliden her gewohnt ist. Ein perfektes Diskuspaar macht seinem Pfleger nur wenig Arbeit und Sorgen und kümmert sich fast von alleine um die erfolgreiche Nachzucht. Doch nur selten hat man das Glück, ein solch perfektes Paar auf Anhieb zu bekommen. Da steht schon die Problematik am Anfang, wie man überhaupt zu einem Diskuspaar kommen kann. Sicherlich könnte man sich eine größere Menge Diskusfische selbst großziehen, um daraus dann Pärchen zu bilden. Doch das Aufziehen von Diskusfischen ist schon fast eine Kunst. Die Kunst liegt darin, Diskusfische ohne Krankheiten und Hälterungsfehler zu großen, prächtigen Diskusfischen heranzuziehen. Immerhin dauert es auch rund 12 bis 18 Monate bis diese Diskusfische dann endlich bereit sind ablaichen.
Anders sieht es aus, wenn Sie sich gleich ausgewachsene Diskusfische kaufen, denn dann sehen Sie bereits, welche Erbanlagen diese zukünftigen Zuchtfische haben. Da es auch bei ausgewachsenen Diskusfischen äußerst schwierig ist, die Geschlechter mit ziemlicher Sicherheit zu unterscheiden, ist es schwierig, zwangsweise ein Pärchen zusammenzustellen. Besser wäre es auch hier, wenn sie die Möglichkeit hätten, mehrere ausgewachsene Tiere zu erwerben, die Sie dann während eines längeren Beobachtungszeitraums zusammen in einem größeren Aquarium pflegen. Vielleicht haben Sie ja das Glück, daß sich in diesem Aquarium bereits ein Pärchen zusammenstellt und Anzeichen für eine Laichvorbereitung trifft. Deshalb wäre es auch wichtig, in einem solchen Aquarium durch Dekorations- und Einrichtungsgegenstände gewisse Reviere aufzubauen, damit sich ein Pärchen problemlos absondern kann. Das Einstellen von zwei- bis drei Laichvasen hat sich hier schon bestens bewährt. Mit etwas Glück, nimmt sich ein Pärchen eine solche Laichvase vor und beginnt mit dem Putzen. Wenn dies der Fall ist, können Sie entweder das Aquarium mit einer Trennwand versehen, um dem Pärchen ein eigenes Aquarienabteil zu bieten, oder Sie fangen die anderen Fische heraus. Das Pärchen herauszufangen hat sich nicht bewährt, denn durch das Umsetzen kommt es sofort zum Unterbrechen des Laichverhaltens.
Hat ein Diskuspärchen erst einmal erfolgreich zusammen abgelaicht, sollte es nicht wieder getrennt werden, denn es ist schwierig, die Fische mit anderen Partnern neu zu verpaaren. Bei der Zusammenstellung eines Zuchtpaares achtet ein guter Züchter auch darauf, daß die Fische in ihren Merkmalen zueinanderpassen. Diskusfische aller Arten und Farbschläge können miteinander verpaart werden und oft entsteht durch solche unkontrollierte Verpaarung ein regelrechter Farbmischmasch.

Harmonierendes Diskuspaar mit seinen Jungen.

Meist ist es so, daß dem Diskuspaar ein spezielles Zuchtaquarium angeboten wird. Wie bereits erwähnt, kann es durch das Umsetzen von Diskusfischen kurzzeitig zu einer Unterbrechung der Laichvorbereitung kommen. Doch nach einiger Zeit wird sich dieses Verhalten wieder normalisieren und das Pärchen wird mit den üblichen Laichvorbereitungen beginnen. Die Laichwilligkeit von Diskusfischen kann durch Wasserveränderungen hervorgerufen werden. So wirkt sich ein Teilwasserwechsel immr günstig auf das Verhalten der Fische aus. Auch Wasserzusätze verschiedenster Art können eine

solche Laichbereitschaft verstärken. Hierbei reagieren die Fische auch auf pH-Wertschwankungen. In Südostasien werden sehr erfolgreich große Mengen von Diskusfischen nachgezüchtet und eines der Geheimnisse der südostasiatischen Diskuszucht ist der tägliche gigantische Teilwasserwechsel. Durch diese Wasserwechsel werden die Fische immer wieder aufs neue stimuliert.
Es ist ein tolles Erlebnis, ein Diskuspaar bei der Laichvorbereitung und dem späteren Ablaichen zu beobachten. Das Diskuspaar sucht sich einen geeigneten Platz zum Ablegen der Eier und dies ist in der Regel in einem Zuchtaquarium der Laichtopf aus Ton. Diskusfische laichen aber auch an anderen Einrichtungsgegenständen des Aquariums ab, doch normalerweise wird der Laichtopf bevorzugt. Dem Ablaichen geht unter Umständen mehrtägiges Werben voraus. Die Fische balzen miteinander und schwimmen friedlich aufeinander zu, verneigen sich und beginnen mit dem Körper zu zittern. Auch verändern sich die Fische äußerlich etwas, denn sie werden dunkler. Besonders die letzten vier oder fünf Senkrechtstreifen beginnen intensiv schwarz zu werden. All dies deutet auf ein baldiges Ablaichen hin. Beginnen die Fische jetzt sogar die spätere Laichunterlage mit dem Maul zu putzen, dann ist dies ein weiteres untrügliches Zeichen, daß bald abgelaicht werden soll. Diskusfische laichen bevorzugt in den Abendstunden ab und der Ablaichvorgang dauert etwa eine Stunde. Die Wassertemperatur beeinflußt die Entwicklung der Diskuseier und es kann gesagt werden, daß in einem 30 °C warmen Aquarienwasser die Eier etwa 55 bis 60 Stunden benötigen, um sich voll zu entwickeln. Wird also abends abgelaicht, so entwickeln sich die Eier so, daß die Larven in den Morgenstunden zu schlüpfen beginnen. Jetzt haben die Diskusfische den ganzen Tag Zeit, sich um die Larven zu kümmern und zu befächeln. In der Zuchtpraxis hat es sich bewährt, ein kleines Nachtlicht über dem Aquarium anzubringen, damit die Fische die Möglichkeit haben, die Eier bzw. die Larven zu beobachten. Bei Diskusfischen kann ein plötzliches Abschalten oder Anschalten der Aquariumbeleuchtung dazu führen, daß die Fische erschrecken und es zu Schockreaktionen kommt. Deshalb ist es wesentlich günstiger, wenn während der Diskuszucht ein kleines Nachtlicht zur Verfügung steht. Fällt Tageslicht in den Aquarienraum, so kann das Einschalten der Aquariumbeleuchtung so geregelt werden, daß diese erst nach dem Einfall des Tageslichtes einschaltet. So gewöhnen sich die Diskusfische schonend an die Beleuchtung.
Bevor das Weibchen mit dem Ablaichen der Eier beginnt, verstärken sich seine Putzaktivitäten, an welchen sich auch das Männchen beteiligt. Beide Fische reinigen durch intensives Putzen mit dem Maul den Laichtopf. Das Weibchen wird immer unruhiger und schwimmt den Laichtopf probeweise an. Von unten nach oben schwimmt es über den späteren Laichplatz, ohne jedoch schon Eier abzulegen. Auch das Männchen muß sich jetzt für den Laichplatz und das Weibchen interessieren. Es ist deshalb günstig, wenn keine anderen Diskusfische das Ablaichen stören können. Aus diesem

Bis es soweit ist, daß der Diskuspfleger sich an seinen Jungfischen im Alter von zwei bis drei Wochen erfreuen kann, bedarf es viel Geduld. Es kann nämlich immer wieder passieren, daß Diskuspärchen ihre Eier oder ihre Larven als Futter betrachten und verspeisen. Zwar bewacht dieses Pärchen noch sein Gelege, jedoch kann sich dies aus unerfindlichen Gründen schlagartig ändern.

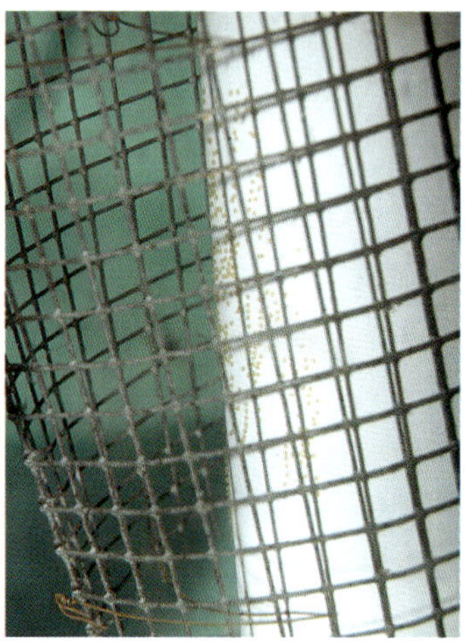

Da es immer wieder vorkommt, daß Diskuspärchen ihre Eier fressen, schützen die Profizüchter das Gelege nach dem Ablaichen mit Maschendraht. Allerdings kann es dennoch zu Störungen kommen, sodaß später die freischwimmenden Larven gefressen werden.

Grunde wird oft ein Sichtschutz zwischen Zuchtbecken und Nachbaraquarium gestellt.

Das Weibchen beginnt mit dem Ablegen der ersten Eikette und jetzt ist es besonders wichtig, daß das Männchen schnell die Eier befruchtet, denn der Samen des Männchens ist nur sehr kurz lebensfähig. Selbstverständlich sollte im Aquarium keine starke Strömung vorherrschen, denn dies könnte den Laichakt stören. Falls

In den ersten Lebenstagen ernähren sich die Diskuslarven vom Hautsekret der Eltern, die jetzt deutlich dunkler gefärbt sind. Dieses Erstfutter ist wirklich wichtig und eine künstliche Aufzucht ist für den Züchter einfach abzulehnen. Foto: Aqualife Taiwan

Sie bemerken, daß die Fische abzulaichen beginnen, können Sie für etwa eine Stunde den Filter ausschalten. Allerdings darf nicht vergessen werden, nach dieser Stunde den Filter wieder anzustellen, da sonst möglicherweise die Filterbakterien geschädigt werden. Hat das Weibchen eine Eischnur abgelegt, schwimmt es etwas zur Seite um dem Männchen Platz zu machen. Dieses nimmt nun ebenfalls Anlauf und befruchtet von unten nach oben schwimmend die Eier. Während des Zeitraums von etwa einer Stunde, legt das Weibchen 150 bis etwa 400 Eier ab. Nur wenn das Weibchen jede Woche erneut ablaicht, kann es vorkommen, daß die Zahl der Eier rapide fällt. Nach erfolgter Eiablage kümmern sich die beiden Fische hoffentlich aufmerksam um ihr Gelege. Leider kommt es immer wieder vor, daß ein Diskuspärchen oder einer der beiden Partner die Eier auffrißt. Hier gibt

Die Diskusjungfische können in Profizüchtereien schon bald von den Eltern getrennt werden und in speziellen Aufzuchtaquarien konzentriert gefüttert werden. Durch dieses schnelle Absetzen von den Eltern, ist es selbstverständlich möglich, eine höhere Ausbeute von einem Diskuspaar zu erhalten. Für die Hobbyzucht ist diese Methode jedoch abzulehnen.

es die tollsten Möglichkeiten, so kann auch beobachtet werden, daß das Männchen sofort die Eier, ohne sie zu befruchten, auffrißt. Weshalb dies so ist, ist nicht schlüssig zu beantworten. Eine Hauptursache ist auch in der Zusammensetzung des Wasser zu sehen. Wenn also solche Probleme des Eierfressens auftauchen, dann versuchen Sie die Wasserverhältnisse im Zuchtaquarium zu verändern. Auch wird ein Gelege erst am zweiten oder beginnenden dritten Tag gefressen, was dann daraus resultieren kann, daß sich die Eier nicht richtig entwickelten. Doch auch die frisch geschlüpften Larven können aus unerfindlichen Gründen plötzlich verspeist werden und selbst freischwimmende Jungfische im Alter von fünf oder sechs Tagen sind noch in den Mägen der Eltern verschwunden. Während und nach dem Laichvorgang fressen die Elterntiere nichts. Es ist deshalb unsinnig, Futter anzubieten. Auch während der Entwicklung der Diskusbrut steht Fressen erst an zweiter Stelle für die Eltern. In der Regel bewachen die Elterntiere abwechselnd die Brut und ein Elternteil geht schon einmal auf die Suche nach etwas Freßbarem. Da von der Eiablage bis zur schwimmfähigen Larve etwa sechs Tage vergehen, ist es wichtig, daß die Elterntiere sich während dieser Zeit nicht streiten. Jeder Streit ginge auf Kosten der Larven. Beginnen die Eltern jedoch stärker zu streiten, so muß eventuell der Züchter helfend eingreifen und ein Elterntier entfernen. Es besteht auch die Möglichkeit, in das Aquarium, wenn es

Es ist doch prächtig, einem solchen Diskusmännchen bei der Aufzucht seiner Jungfische zuzusehen und hier handelt es sich doch wirklich um die Krönung in der Süßwasseraquaristik. Wer so weit kommt, hat es geschafft.

Die dunkle Färbung der Diskusfische deutet auf reichlich vorhandenes Nahrungssekret für die Jungfische hin. In der ersten Woche des Freischwimmens bleiben die Jungen stark auf die Eltern fixiert und entfernen sich kaum von deren Körper. Nach dem Schlüpfen müssen die Larven unbedingt die Eltern anschwimmen.

groß genug ist, ein sehr grobmaschiges Trenngitter zu setzen, so daß später die Larven sogar die Möglichkeit hätten, von Elterntier zu Elterntier zu schwimmen.
Die Form der Elternbindung ist bei Diskusbruten eine der seltenen Zuchtvarianten im Fischreich. Gelingt es dem Züchter erst einmal, die Jungfische zum Anschwimmen der Eltern zu bewegen, und beginnen diese dort mit dem Fressen des Körperschleims, so ist die Diskuszucht schon fast gelungen. Doch auch jetzt kann es noch zu Störungen kommen, die oft auf Wasserzusammensetzungen zurückzuführen sind. Manchmal irren die Larven im Aquarium umher und finden ihre Eltern nicht. Weshalb dies so ist, ist leider noch nicht erforscht. Wie lange die kleinen Diskusfische bei ihren Eltern bleiben sollen, um immer noch das Hautsekret zu fressen, ist unter Züchtern etwas umstritten. Einige plädieren dafür, die Jungfische bereits nach sieben bis zehn Tagen von den Eltern zu entfernen, um eine Übertragung von Krankheiten auf die Jungfische zu vermeiden. Andere Züchter wiederum sehen es gerne, wenn die Jungfische drei bis vier Wochen lang Hautsekret der Eltern fressen. Jedenfalls ist etwa ab dem fünften Tage nach dem Freischwimmen mit einer Zufütterung von Artemiakrebschen zu beginnen. Die kleinen Diskusfische bleiben immer in der Nähe ihrer Eltern und dies ändert sich erst nach etwa zwei Wochen, dann beginnen sie im Aquarium nach Futter zu suchen. Dann entfernen sie sich auch etwas weiter von ihren Eltern und werden richtig mutig. Nach etwa zehn Tagen beginnen sie auch schon langsam Diskusform zu zeigen und sich etwas in der Form zu verändern. Werden die Jungfische sehr früh von den Eltern entfernt, entfällt die Fütterung mit dem Nährschleim, den die Eltern bisher produzierten und deshalb ist desöfteren eine Futtergabe angesagt. Allerlei Zusatzfutter wie Bosmiden, Moina und Artemiakrebschen, sowie Futtertabletten und feines Flockenfutter sind angesagt. Kleine Diskusfische ohne Eltern müssen schon mindestens sechs bis acht mal täglich gefüttert werden. Eigentlich sollten sie immer gut im Futter stehen und volle Bäuche zeigen. Werden die Jungfische von ihren Eltern getrennt, so sind sie am besten zuerst in kleinen Aquarien unterzubringen,wo eine bessere Kontrolle ihrer Entwicklung möglich ist. Auch läßt sich in kleinen Aquarien sehr leicht ein Teilwasserwechsel durchführen. Ein tägliches Absaugen der Futterreste ist in jedem Falle unerläßlich. Nach und nach, je nach Wachstum, werden die kleinen Diskusfische in größere Aufzuchtaquarien umgesetzt. Auch ist ein Aussortieren nach Größe jetzt schon möglich. Die ersten acht Lebenswochen der kleinen Diskusfische sind wichtig für ihre spätere Körperform und Schönheit. Schäden, die während dieser Aufzuchtzeit angerichtet werden, sind nicht wieder gutzumachen. Würden die kleinen Fische jetzt erkranken und einige Tage nicht fressen, käme es zu bleibenden Wachstumstörungen. Nach acht Wochen haben die kleinen Diskus eine Größe von etwa vier bis fünf Zentimeter von Schnauzenspitze zum Schwanzende erreicht. Jetzt beginnt in der Regel auch der Verkauf. Für den ernsthafen Hobby-Züchter sollte der Verkauf jedoch nicht im Vordergrund stehen. Viel wichtiger ist es, qualitativ hochwertige Diskusfische nachzuziehen, damit die typischen Merkmale dieser herrlichen Fische weitgehend erhalten bleiben.

Kann ich verschiedene Diskusfarbschläge miteinander kreuzen?

Wir wissen, daß alle Diskusfische untereinander kreuzbar sind. Natürlich ist das nicht immer wünschenswert. Die reinen Wildfangrassen sollten erhalten bleiben.

Ist es empfehlenswert Türkisdiskus mit Flächendiskus zu kreuzen?

Daraus entstehen Kreuzungen. Ein Teil der Jungen wird farblich auf das jeweilige Elternteil zurückschlagen. Ein Großteil wird aber beide Erbanlagen besitzen. Sicher haben Kreuzungen ihren Reiz, aber um Rassemerkmale zu festigen bedarf es viel Platz und einer langen Zeit von Rückkreuzungen usw. Nur gelegentlich die Fische zu kreuzen unter dem Motto:
„Hauptsache ich habe junge Diskus zum Verkaufen" ist falsch. Diskuszüchter sollten sich bemühen einen reinen Zuchtstamm zu besitzen.

Mit welchem Alter sind Diskus zuchtreif?

So richtig reif sind sie erst im Alter von über einem Jahr. Biologisch reif sind sie schon früher. Etwa mit einem Alter von 10 bis 12 Monaten lassen sich Diskus verpaaren. Jedoch sollte dieses Verpaaren vom körperlichen Zustand der Fische abhängig sein. Wichtig ist es, daß die Weibchen ausgewachsen sind. Fangen sie erst einmal an regelmäßig abzulaichen, wachsen sie nur noch schlecht.

Welches Alter ist das ideale Zuchtalter?

Für Weibchen etwa ab 14 Monaten, Männchen ab 18 Monaten.

Weshalb soll der Züchter solange warten?

Damit die Tiere Zeit haben sich körperlich optimal zu entwickeln. Ebenso bilden sich die Brutinstinkte im Alter meist besser aus.

In welchem Lebensabschnitt laichen Diskusfische ab?

Die Hauptlaichzeit dürfte zwischen dem ersten Ablaichen im Alter von einem bis eineinhalb Jahren (je nachdem wann es der Züchter zuläßt) und bis zu vier Jahren liegen. Danach läßt die Laichbereitschaft nach.

Gibt es spezielles Futter, um die Diskus zum Laichen zu bewegen?

Schwarze und weiße Mückenlarven, Enchyträen und vitaminisiertes Futter können den Laichansatz begünstigen. Gesunde und gut gefütterte Diskus werden aber auch von alleine Ablaichen, wenn die äußeren Rahmenbedingungen in Ordnung sind.

Nach welchen Kriterien sind Zuchtfische auszuwählen?

Sie sollten farblich zusammenpassen. Es dürfen nur einwandfreie Diskus miteinander verpaart werden.

Woran sind die Geschlechter zu bestimmen?

Eine Bestimmung ist sehr schwer. Merkmale, jedoch nicht absolut sichere, sind die Größe der Fische. Männchen gleicher Bruten sind meist größer.

Gibt es noch andere Merkmale?

Zum Beispiel die Ausbildung der Beflossung. Beim Männchen sind die Flossen stärker ausgezogen. Auch die Kinnpartie erscheint kräftiger. Der Kopf ist bei älteren Männchen bullig und fast höckerig.

Wie kann man Paare zusammenstellen?

Der erste Punkt ist die Beobachtung. Setzen Sie sich längere Zeit vor ein Aquarium mit gleichaltrigen Diskusfischen. Am Verhalten ist zu erkennen, ob Tiere zueinanderstehen.

Stellen sich Diskuspaare selbst zusammen?

In größeren Aquarien kommt es vor, daß sich zwei Fische absondern und ein Revier bilden. Diese Fische können als vermutliches Paar in ein Zuchtaquarium umgesetzt werden.

In welchem Zeitraum sollte ein Paar mit dem Ablaichen beginnen?

Wenn das Paar neu zusammengestellt wurde und harmoniert, sollte innerhalb von acht Wochen das erste Gelege erscheinen.

Was ist zu tun, wenn dies nicht der Fall ist?

Dann ist ein Fisch auszutauschen. Jedoch sollte der Züchter ruhig diese acht Wochen abwarten können.

Woran erkennt man gute Zuchtpaare?

Die Fische harmonieren auf engstem Raum miteinander. Es gibt keine echten Beißereien. Die Fische lassen sich gegenseitig ruhig fressen und kennen keinen Futterneid.

Was sind die ersten Anzeichen für ein Ablaichen?

Die Diskusfische schwimmen aufeinander zu. Sie nicken sich zu und zittern ab und zu am ganzen Körper.

Gibt es noch andere Merkmale?

Die Farbe verändert sich. Die Fische werden zum Schwanz hin dunkler. Die letzten vier bis fünf Körperstreifen werden dunkler. „Die Fische rußen"!

Wieviele Eier umfaßt ein normales Diskusgelege?

200 bis 300 Eier sind normale Werte.

Wieviele Eier umfaß ein Spitzengelege?

400 bis 500 Eier sind möglich, jedoch seltenener.

Wie kann ich die genaue Zahl der Diskuseier feststellen?

Durch fotografieren des Geleges und späteres Auszählen auf dem Foto. Dies ist eine gute Möglichkeit Statistik zu betreiben.

Wie lange brauchen die Eier um sich zu entwickeln?

Das ist temperaturabhängig. Bei 28 Grad Celsius entwickeln sich die Eier in gut 60 Stunden. Bei 30 Grad verkürzt sich die Entwicklungsphase auf etwa 55 Stunden.

Woran kann ich feststellen, daß sich die Eier gut entwickeln?

Nach etwa 24 Stunden werden die Diskuseier etwas dunkler und nach 36 Stunden ist ein dunkler Kern zu sehen. Bereits nach 48 Stunden nimmt die Larve schon Formen an und zuerst wird das Schwänzehen sichtbar.

Die Diskuseier bleiben glasig durchsichtig. Es ist keine Entwicklung zu sehen, woran liegt dies?

Am osmotischen Druck des Wassers. Die Eihülle wurde zerstört, jedoch ist dies mit dem Auge nicht zu sehen. Das Ei kann sich nicht weiterentwickeln.

Was kann ich in solch einem Falle tun?

Die Wasserwerte verändern. Den Leitwert weiter absenken.

Die Diskuseier werden immer weiß, was kann ich tun?

Auch hier dürften die Wasserwerte die Ursache sein. Natürlich kann es vorkommen, daß die Eier fehlerhaft befruchtet sind. Sind alle Eier weiß geworden, liegt es meist an ungünstigen Wasserwerten.

Mein Wasser erscheint aber optimal, dennoch sind die Eier weiß geworden.

Auch meßbar gutes Wasser entbehrt vielleicht wichtige Stoffe. Setzen Sie dem Wasser eine Spurenelementemischung zu.

Gibt es weitere Gründe, die ein Gelege zerstören können?

Ja, wesentlich an der Zerstörung von Diskusgelegen sind auch Planarien schuld. Sie fressen regelrecht die Eier an.

Was sind Planarien?

Kleine, wurmähnliche Lebewesen, die sehr zäh sind. Es gibt sehr viele Formen.

Wie können Planarien in Aquarien abgetötet werden?

Am besten mit Flubenol 5 %. 200 mg Flubenol 5 % werden mit 100 Litern Aquarienwasser vermischt. Nach 7 Tagen ist die Kur zu wiederholen. Das Abtöten der Planarien dauert durchaus zwei Wochen.

Nach wieviel Stunden schwimmen die Diskuslarven die Elterntiere an?

Nach ca. 60 Stunden schlüpfen die Larven und nach weiteren 60 Stunden schwimmen diese frei.

Wovon ernähren sich die Larven bei den Eltern?

Von einem Nährzellenschleim. Die Eltern bilden einen Schleim, der wichtige Bakterien enthält. Diese dienen als Futter und zur Ankurbelung des Darmtraktes bei den Jungfischen.

Können die Jungfische ohne Eltern aufgezogen werden?

Es wurden immer wieder Versuche mit künstlicher Aufzucht gemacht. Erfolgreich war besonders Jack Wattley. Dennoch ist die künstliche und widernatürliche Aufzucht abzulehnen.

Woraus besteht dieses künstliche Aufzuchtfutter?

Die Anwender machen natürlich ein Geheimnis daraus. Sicher ist, daß es sich um eine Mischung aus hochwertigem Eigelbpulver und Blütenpollenextrakt handelt.

Wie läuft diese künstliche Aufzucht ab?

Die Larven schlüpfen in einem kleinen Aquarium oder einer Schüssel. Darin befindet sich nur ein Ausströmer. Sobald die Kleinen auf Futtersuche gehen, muß der Eigelbbrei an den Schüssel- oder Aquarienrand geschmiert werden. Je kleiner das Gefäß, desto besser die Futteraufnahme. Das Wasser ist täglich zu wechseln.

Hat die künstliche Aufzucht auch Vorteile?

Der einzige Vorteil ist, daß die Jungfische frei von Krankheitskeimen der Eltern aufgezogen werden.

Wie lange sollten Jungfische bei den Eltern bleiben und den Nährschleim fressen?

Hierzu gehen die Meinungen auseinander. Normalerweise lassen die meisten Diskuszüchter die Jungfische etwa drei bis vier Wochen bei den Eltern schwimmen. Dr. Schmidt-Focke plädierte jedoch für ein Entfernen der Jungfische nach spätestens einer Woche.

Weshalb sollen die Jungfische schon nach so kurzer Zeit von den Eltern abgesetzt werden?

Aus Gründen der Krankheitsübertragung. Bis zu einer Woche ist die Übertragung kaum möglich, danach steigt das Risiko.

Wie groß ist ein Diskusfisch nach vier Wochen?

Die Mindestgröße sollte etwa wie ein Fünfpfennigstück sein.

Wie groß sind Diskusfische nach acht Wochen?

Jetzt müßten die Jungfische die Größe eines Fünfmarkstückes haben, das sind 29 mm im Durchmesser. In dieser Größe beginnt der Verkauf, jedoch ist es besser noch zwei Wochen zu warten.

In welchem Alter haben die Jungfische die ideale Verkaufsgröße?

Im Alter von 12 Wochen, denn dann messen sie vom Schwanz zum Kopf etwa gute fünf Zentimeter.

Meine Diskusfische haben Streifenfehler. Woran liegt dies?

Streifenfehler können vererbt werden. Heute haben die meisten Nachzuchten Streifenfehler. Teils mehr, teils weniger. Ursache ist sicher das Wasser. Wir sind der Meinung, daß pH-Wert Schwankungen die Auslöser sind.

Wie kann ich pH-Wert Schwankungen bei der Aufzucht vermeiden?

Wichtig ist es diese Schwankungen während der ersten zwei Wochen zu vermeiden. Das Wasser, das gewechselt wird, muß den gleichen pH-Wert haben, als das Aquarienwasser. PH-Wert mit guter Aktivkohle stabilisieren.

Meine Jungfische haben Kiemenfehler. Woran liegt dies?

Hier muß zwischen Kiemennekrosen-Knochenschwund- und Mißbildungen durch Wassereinflüsse unterschieden werden.

Wie entstehen Kiemennekrosen?

Nekrosen sind Auflösungen und Rückbildungen des Knochengewebes. Nekrosen treten zum Beispiel häufig bei Kindern in der Wachstumsphase auf. Hier wird durch Ruhigstellung des befallenen Gelenkes behandelt.

Wie können Nekrosen bei Fischen behandelt werden?

Nur vorbeugend mit Vitamin- und Spurenelementzusätzen in Futter und Wasser. Sind nicht alle Fische betroffen, kann in diese Richtung behandelt werden.

Wann kommt es zu Kiemenmißbildungen durch Wassereinflüsse?

Definitiv erforscht ist diese Mißbildung nicht. Vermutlich ist eine für die Fische fehlerhafte Wasserzusammensetzung Auslöser. Bei mir ist der ganze Wurf Jungfische von diesen Mißbildungen betroffen. Hier müssen die Gründe im Wasser zu suchen sein. Der Leitwert ist weiter herabzusetzen und in das Wasser sind 10 g Meersalz auf 100 Liter Wasser pro Woche zu geben. Beziehungsweise für jeweils 100 Liter gewechseltes Wasser sind wieder 10 g Meersalz hinzuzufügen.

Meine Jungfische schwimmen nach dem Schlüpfen die Eltern nicht an, was ist zu tun?

Hierzu kann niemand eine korrekte Antwort geben. Nur Vermutungen sind möglich. Wenn die Eltern Nährschleim bilden, und die Jungen dennoch die Eltern nicht anschwimmen, liegt eine Störung vor.

Worauf ist diese Störung zurückzuführen?

Möglicherweise sind die Larven bereits durch das Wasser geschädigt und können die Eltern nicht mehr anschwimmen.

Sterben diese Larven dann schnell?

Ja, sie trudeln durch das ganze Aquarium, können jedoch kein Futter aufnehmen und sterben dann ab. Nach zwei Tagen sind keine Larven mehr im Aquarium zu sehen.

Gibt es keine Möglichkeit die Larven doch noch an die Eltern heranzubringen?

Die Chancen sind fast null. Eine Möglichkeit ist es ein Punktlicht über dem Laichtopf anzubringen und das Aquarium völlig abzudunkeln. So besteht eine Chance, daß die Larven zu dem Lichtkegel schwimmen und dort auf die Eltern treffen.

Meine Diskusfische scheinen keinen Nährschleim zu bilden. Was kann ich tun?

Eine Möglichkeit wäre der Zusatz von Geschlechtshormonen im Wasser. Jedoch ist dies nicht ungefährlich, denn nicht nur die Eltern, auch die Larven reagieren.

Welche Hormone wären dafür geeignet?

Potenzstärkemittel. Jedoch sind diese Zugaben nicht erforscht und auch nicht ohne Risiko. Oft gelingt schon bei der nächsten Eiablage die Zucht, deshalb ist von solchen Manipulationen abzuraten.

Gibt es noch natürliche Hilfen, wenn die Eltern keinen Nährschleim bilden?

Ideal wäre es, wenn ein anderes Pärchen zur gleichen Zeit Junge führt, bzw. Larven gerade am Schlüpfen sind. Dann kann Ammenpflege betrieben werden.

Was verstehen Sie unter Ammenpflege?

Die geschlüpften Larven des Pärchens, das nicht pflegt oder keinen Nährschleim bildet, werden abgesaugt und einem anderen Paar, das Larven im etwa gleichen Entwicklungsstadium hat, gegeben.

Klappt dieses Umtauschen der Jungen?

Ja, einwandfrei. Selbst Unterschiede von 24 Stunden in der Entwicklung spielen keine Rolle.

Meine Diskusfische fressen die Eier. Wieso tun sie dies?

Dieses Fehlverhalten ist nicht erforscht. Möglich ist, daß die Fische ihr Gelege schützen wollen, oder daß hormonelle Störungen vorliegen.

Von meinem Diskuspärchen frißt immer nur das Weibchen die Eier. Was kann ich tun?

Das Weibchen nach der Eiablage aus dem Aquarium entfernen.

Genügt ein Fisch, um die Jungen aufzuziehen?

Ja, ein Fisch alleine kann genauso gut die Jungen aufziehen. Sollte es eine sehr große Brut sein, dann muß eben sehr gut zugefüttert werden.

Besteht nicht die Gefahr, daß ein einzelner Elternfisch von den Jungen zu stark belästigt wird?

Anfangs sicher nicht. Nach spätestens 14 Tagen kann es dann dazu kommen, daß die Haut des Fisches verletzt wird. Dann sollten die Jungen herausgefangen werden.

Wie kann ich die Diskuseier noch gegen das Fressen durch die Eltern schützen?

Durch das Schützen mit einem Drahtkorb. Ein Drahtgeflecht mit einer Maschenweite unter 10 mm wird über den Topf mit dem Gelege gestülpt. Die Larven schlüpfen in diesem Schutz und schwimmen dann die Eltern an.

Meine Diskus fressen nach dem Schlüpfen die Larven. Was kann ich da tun?

Sollte dieses Fressen nicht aufhören ist im Wechsel jeweils ein Elternfisch herauszufangen.

Der zurückgebliebene Fisch frißt dennoch die Larven. Was ist zu tun?

Jetzt bleibt nur die Ammenzucht. Versuchen Sie ein zweites Paar in etwa der gleichen Zeit zur Zucht anzusetzen.

Gibt es keine andere Möglichkeit?

Manchmal hilft es den Eltern einen Feind vor die Nase zu setzen. Gut sichtbar im Nachbaraquarium sollte ein anderer Diskus sichtbar sein. Auch das Einsetzen eines Welses kann helfen. Jedoch vergreifen sich Welse auch an Diskusgelegen.

Meine Diskus streiten immer bei der Brutpflege. So verliere ich die Jungfische. Was kann ich tun?

Den erfolgreichsten Trick habe ich in einer Züchterei in Thailand gesehen. Dort wurde in einem Aquarium mit einem Meter Länge einfach ein grober Maschendraht durch das Aquarium gezogen. Die Eltern wurden durch den Draht getrennt. So konnten die Eltern nie streiten und die kleinen Diskus konnten ungehindert durch die Maschen von einem Elterntier zum anderen Elterntier schwimmen. Es waren immer kleine Diskus bei beiden Eltern zu sehen.

Wäre dieser Trick mit dem Draht nicht auch dann anzuwenden, wenn die Diskus die Eier fressen?

Sicher ist es gut zu machen, wenn ein Fisch immer die Eier frißt diesen mit einem Draht von dem Gelege und dem zweiten Fisch fernzuhalten. Nach dem Schlüpfen und Freischwimmen können die Jungfische dennoch den zweiten Fisch anschwimmen. Jetzt werden die Jungen wahrscheinlich nicht mehr gefressen.

Darf ich meine Diskus während der Brutpflege füttern?

Natürlich, jedoch nicht mit Lebendfutter. Ideal ist ein zweimaliges Füttern der Eltern am Tage.

Darf ich in die Zuchtaquarien Bodengrund einbringen?

Sie dürfen schon, jedoch nur bei guter Reinigung des Aquariums und täglicher Absaugung von Futterresten.

Hat es Nachteile einen Bodengrund in das Zuchtaquarium einzubringen?

Ja, dieses Aquarium ist nicht mehr einfach sauber zu halten. In diesem Falle sollte das Aquarium mindestens 150, besser 200 Liter Inhalt haben, damit sich leichter ein biologisches Gleichgewicht einstellt.

Hat die Einbringung von Bodengrund Nachteile?

Ja, schwerer zu reinigen. Bakterien, auch unerwünschte, siedeln sich im Bodengrund an.

Welche Art von Bodengrund dürfte ich einbringen?

Feiner Kies ist geeignet. Körnung zwei bis vier Millimeter Sand ist ebenfalls geeignet.

Wieso ist groberer Kies nicht geeignet?

Weil Futtereste im Kies verschwinden. Dann entstehen Fäulnisprozesse.

Ist Lavalit als Bodengrund geeignet?

Nein, denn die Oberfläche ist sehr scharf und rauh. Die Fische verletzen sich am Maul, wenn sie Futter suchen.

Darf ich in mein Zuchtaquarium Moorkienwurzeln einbringen?

Besser nicht, denn Moorkienwurzeln geben Gerbstoffe an das Wasser ab. Schlecht gereinigte Wurzeln können auch das Wasser verderben. Es riecht dann modrig.

Darf ich andere Wurzeln verwenden?

Hier gilt leider die gleiche Aussage, denn teilweise werden Wurzeln chemisch behandelt, um sie sauber zu machen. Desweiteren werden manche Wurzeln künstlich schwerer gemacht, damit sie nicht schwimmen. Diese Tatsachen reichen aus, um vor einem Einsatz im Zuchtaquarium zu warnen.

Mir gelingt es nicht, Diskusfische groß zu ziehen. Was müßte ich tun, um mehr Erfolg zu haben?

Das Aufziehen ist schwieriger, als das Züchten. Das wichtigste Element ist das Wasser. Deshalb müssen kleine Diskusfische immer wieder in gutem Wasser schwimmen.

Was ist beim Wasserwechsel zu beachten?

Für kleine Diskus darf das Wasser nur wenig Nitrat enthalten. Das beste Hilfsmittel gegen Nitrat im Wasser ist ein täglicher Teilwasserwechsel mit nitratfreiem Wasser.

Wieviel Nitrat darf das Aufzuchtwasser höchstens aufweisen?

Der Nitratgehalt muß unter 50 mg/l liegen, besser unter 25 mg/l.

Wie kann ich schnell den Nitratgehalt messen?

Im Fachhandel gibt es Nitrat-Teststreifen.

Wieso ist das Nitrat im Wasser schädlich bei der Aufzucht?

Nitrat stört das Wachstum. Fische, die in „altem" nitratreichem Wasser aufwachsen, werden nicht so gut wachsen, wie Vergleichsfische, die einen täglichen Wasserwechsel mitmachen.

Ist ein täglicher Teilwasserwechsel wirklich nötig?

Ja, diese Wasserwechsel werden einfach in ihrer Wirkung unterschätzt. Profizüchter wechseln jeden Tag das Wasser. Die Menge des gewechselten Wassers richtet sich nach den Möglichkeiten.

Wieviel Wasser ist bei der Aufzucht täglich mindestens zu wechseln?

Als Minimum würde ich 20 % des Aqua-riuminhaltes als Richtzahl nehmen. Mehr ist sicher von Vorteil.

Wie oft sind Diskusfische beim Aufziehen zu füttern?

Möglichst oft und vielseitig. Nur so gelingt es erfolgreich aufzuziehen.

Welches Futter ist beim Aufziehen zu verwenden?

Es gilt das Gesagte bei den Futterempfehlungen. Hinzu kommt, daß die Fische im Alter von einem bis zu sechs Monaten ruhig fünf bis zehn Futterportionen am Tage vertragen können.

Dürfen diese Fische Enchyträen bekommen?

Selbstverständlich ist es erlaubt einmal täglich Enchyträen zu füttern.

Dürfen Grindalwürmchen verfüttert werden?

Ja, denn auch diese kleinen Würmer sind ein gutes Futter.

Diskuszucht in Asien

Der Diskusmarkt in Südostasien ist weltweit der größte. Hier werden von gewerblichen Diskuszüchtern unvorstellbare Mengen an Diskusfischen nachgezüchtet. Hauptabnehmerländer für südostasiatische Diskusfische sind Japan, die USA aber auch Nachbarländer wie Taiwan oder die Länder Europas und hier im besonderen Deutschland. Die Diskuszucht in Südostasien läuft unter ganz anderen Voraussetzungen als in Europa ab. Die äußeren Bedingungen klimatischer Art sind wesentlich günstiger als in Europa, denn die Temperaturen ermöglichen es, fast überall ohne wesentliche Heizkosten auszukommen. Auch die Arbeitskräfte sind preiswerter als hier in Europa, was sich letztendlich auf den Wiederverkaufspreis der Jungfische niederschlagen kann, obwohl in Südostasien die Preise für qualitativ hochwertige beziehungsweise interessant gefärbte Diskusfische sehr hoch sein können. Es gibt Großzüchtereien, die Diskusnachzuchten sehr preiswert anbieten, während andere Züchter, die sich spezialisierten auf besondere Farbschläge, wesentlich höhere Preise als die Züchter in Europa verlangen.

Wasser ist noch in Hülle und Fülle vorhanden und auch sehr billig. Dies ist auch ein Grund, weshalb Aquarienfilter fast keine Rolle spielen, denn täglich wird ein Großteil des Wassers gewechselt, was Filter überflüssig macht. An Futtersorten können die Asiaten auch aus dem Vollen schöpfen, denn Mückenlarven und hier zwar in erster Linie Rote Mückenlarven gibt es fast überall in Hülle und Fülle. Wird eine Rinderherzmischung verfüttert, so mischen die Asiaten meist einen Großteil an Garnelenfleisch unter, damit den Fischen ausreichend Carotinoide zur Verfügung stehen. Gerade die rote Farbe spielt eine große Rolle in Asien und gerne hilft man dieser Rotfärbung mit Hormonen etwas nach. Allerdings ist dies nicht unbedingt die Regel, denn es gibt auch sehr viele Zuchtstämme mit natürlicher Rotfärbung, was auf jahrelange Zuchtauslese zurückzuführen ist. Es gibt eben solche und solche Züchter in Südostasien und entsprechend sind auch die Ergebnisse. Die Qualität asiatischer Diskusnachtzuchten darf nicht unterschätzt werden, denn man gibt sich hier sehr viel Mühe da der wirtschaftliche Erfolg an der Qualität der verkauften Fische hängt. Schließlich kann man auch in Südostasien nur einmal einem Kunden schlechte Diskusfische verkaufen und dann ist dieses Geschäft für immer gelaufen. Durch zahlreiche Kreu-

Die Diskuszucht in Asien läuft sehr unterschiedlich und länderspezifisch ab. In Hongkong befinden sich die Zuchtaquarien zum Beispiel immer in Inneren von Gebäuden. Auch wird hier eine Aquarienfilterung betrieben.

In Asien werden alle Diskusvarianten miteinander verpaart, um immer wieder neue Farbvarianten zu erhalten. Diese Neuschöpfungen werden dann mit Fantasienamen belegt, um die Verkaufslisten mit blumigen und markanten Handelsnamen zu erweitern. In Europa ist diese Unsitte noch nicht so weit verbreitet.

Diesem Diskuspaar wurden gleich drei verschiedene Gelege untergeschoben, so daß es durchaus möglich ist, daß dieses Pärchen neben den eigenen Jungen, auch noch Jungfische von anderen Diskuspaaren großzieht. So kann man das Zuchtergebnis schnell verdoppeln.

Das Schützen der Gelege vor den Eltern ist sehr weit verbreitet und meist wird ohne tatsächliche Not dieser Schutz sofort nach dem Ablaichen angebracht. Viele kleine Zuchtbetriebe sind in den Wohnungen der Züchter auf engstem Raum untergebracht.

zungsversuche, wobei in den letzten Jahren auch verstärkt Diskuswildfänge eingekreuzt wurden, ist es den Züchtern gelungen, immer wieder interessante Farbformen herauszuziehen. Teils sind hier verblüffende Diskusfische wie die Pigeon Blood oder Snake Skin Diskus entstanden. Diese Farbvarianten haben sich als vererbungsstabil gezeigt und spielen heute eine bedeutende Rolle auf dem internationalen Diskusmarkt.
In Südostasien werden inzwischen zahlreiche Diskusshows durchgeführt, bei welchen die ausgestellten Diskusfische bewertet und ausgezeichnet werden. Diese Diskusshows spielen für die Züchter eine bedeutende Rolle, denn der wirtschaftliche Vorteil beim Gewinnen eines Championpreises ist enorm. Die Diskuszucht ist ein großes Geschäft geworden in Asien und je mehr Geld zu verdienen ist, desto größer ist auch das Interesse, Neuzüchtungen auf den Markt zu bringen, denn nur durch Neuzüchtungen lassen sich die wirtschaftlichen Erfolge noch steigern. Bisher sind wir in Europa von diesen Abläufen weitgehend verschont geblieben und zum Glück ist für die meisten Diskusfreunde die Diskuszucht und -pflege noch ein schönes Hobby geblieben.

Worin unterscheidet sich im wesentlichen die Diskuszucht in Asien von der in Europa?

Die Asiaten führen in der Regel täglich ein bis zwei größere Teilwasserwechsel durch, wobei insgesamt bis zu 100% des Wassers gewechselt werden. Diese Wasserwechsel sorgen für eine fast problemlose Aufzucht der Jungfische.

Wie ist das Wasser in Asien beschaffen?

In fast allen Südostasiatischen Ländern haben die Diskuszüchter ein sehr weiches Ausgangswasser zur Verfügung, welches ideal für die Diskuspflege und -zucht ist.

Welche Filtersysteme benutzen die Asiaten bei der Diskuszucht?

Meist werden in Südostasien keinerlei Filtersysteme eingesetzt, da dies durch die riesigen Wasserwechsel unnötig erscheint. Nur in hochtechnisierten Ländern wie zum Beispiel Hongkong oder Taiwan, sowie Japan finden diese riesigen Wasserwechsel nicht statt und dann wird zusätzlich ein Filtersystem in das Aquarium eingebaut. In Zuchtaquarien sind besonders die Innenfilter mit Schwammsystemen beliebt.

Weshalb schützen die Asiaten die Gelege oft mit Maschendraht?

Diese Methode des Eierschutzes ist sehr beliebt und deshalb wird sie meist auch ohne Zwang einfach durchgeführt, weil es eben seit vielen Jahren so Brauch war.

Wird in Südostasien künstliche Aufzucht betrieben?

Besonders in einem Land nämlich Indonesien gibt es eine sehr große Diskusfarm, wo künstliche Aufzucht in großen Massen betrieben wird. Hierzu werden die Larven in Schüsseln mit Luftausströmern überführt, wo sie für die ersten zehn Tage künstlich aufgezogen werden. Die Eier werden den Eltern direkt nach dem Ablaichen abgenommen und in die Schüsseln überführt. Mit Hilfe von Methylenblauzusatz wird ein Verpilzen weitgehend verhindert.

Welche Zuchtformen sind typische südostasiatische Diskuszuchtformen?

Am bekanntesten ist die südostasiatische Zuchtform des Pigeon Blood Diskus geworden, der etwa 1991 in Thailand entdeckt wurde. Es handelte sich um eine erbfeste Variante, die aus Rot-Türkis-Diskus aufspaltete. Mit Hilfe dieses eigenartigen Zuchtstammes gelang es, zahlreiche Varianten neu zu kreieren, wie zum Beispiel die farbfeste rote Form des Marlboro-Diskus. Auch die Variante der Snake Skin Diskus ist heute so gefestigt, daß man von einem eigenständigen Diskuszuchtstamm sprechen kann. Snake Skin besitzen eine eigenartige Schlangenhautähnliche Körperoberfläche. Auch wurden den Snake Skin Diskus anstelle der neun Senkrechtstreifen 13 Streifen auf den Körper gezüchtet.

Was verbirgt sich hinter der Farbbezeichnung Blue Diamond?

Blue Diamond Diskus sind intensiv flächig blaue Diskusformen, die keinerlei Streifenzeichnung mehr zeigen. Diese Diskusart wurde zuerst in Hongkong gezüchtet und erzielt heute noch hohe Preise.

Was verbirgt sich hinter der Bezeichnung Red Diamond?

In den letzten Jahren ist es gelungen, durch das Einkreuzen von Grünen Wildfangdiskus mit zahlreichen roten Punkten unter Zuhilfenahme von Rot-Türkis-Diskus eine Variante zu züchten, die sehr viele rote Punkte auf der Bauchseite zeigt. Diese Diskusfische werden als Red Diamond gehandelt und erzielen astronomisch hohe Preise.

Welche Futtersorten bestimmen den asiatischen Markt?

Die Auswahl an Futtersorten ist riesig groß, wobei sich länderspezifisch Futtersorten besonders durchgesetzt haben. So ist in Japan beispielsweise der sogenannte „Discus-Hamburg" sehr beliebt. Hier handelt es sich um eine Rinderherzmischung mit Zusätzen von Spinat und Garnelen. In Thailand werden beispielsweise immer noch sehr stark Tubifexwürmer verfüttert, während in Hongkong rote Mückenlarven eine große Rolle spielen. In allen Ländern werden aber auch sogenannte Lobstereier wegen der roten Farbe und Fleisch von Garnelen bzw. Shrimps zugefüttert. Jeder Diskuszuchtbetrieb hat hier wahrscheinlich sein eigenes Rezept und doch ähneln sich alle diese Futtermischungen sehr.

Was verbirgt sich hinter den vielen Handelsbezeichnungen für Diskusvarianten?

Leider haben die Asiaten die Angewohnheit, ihre Diskusfische mit einem Handelsnamen, der sehr phantasievoll ist, zu bezeichnen. So enstanden in den letzten Jahren hunderte von Handelsnamen, die alle jedoch sehr wenig aussagen und unter denen sich der Verbraucher so gut wie garnichts vorstellen kann. Um dem Verbraucher die Namen der Farbschläge etwas zu verdeutlichen, gingen größere Züchter dazu über, von ihren Fischen farbige Poster anfertigen zu lassen, so daß der „Verbraucher" sich ein besseres Bild von den Namen und Fischen machen kann. Letztendlich sind alle diese Handelsnamen nur dazu da, Interesse beim Verbraucher zu erzeugen und Kaufanreize auszulösen.

Zucht von Diskuswildfängen

Zurecht wird angenommen, daß die Zucht von Diskuswildfängen etwas schwieriger als die von Nachzuchten ist. Eingewöhnte Nachzuchtdiskus, die schon seit vielen Generationen im Aquarium leben, machen es dem Diskusliebhaber schon etwas einfacher, sie zur Nachzucht zu bewegen. Bei Wildfängen ist dies jedoch ganz anders. Eine bedeutende Rolle bei der Zucht von Wildfängen kommt der Eingewöhnungszeit der Fische zu. Wildfänge benötigen in der Regel mehrere Monate, bis sie sich an das Leben im Aquarium gewöhnt haben, daß sie bereit sind zur Nachzucht zu schreiten. Allerdings gibt es auch hier für die Regel Ausnahmen und nichts spricht dagegen, daß Wildfänge schon nach wenigen Wochen im Aquarium ablaichen. Wichtig ist, daß Diskuswildfänge optimale Bedingungen im Aquarium vorfinden und hierzu gehören auch größere Aquarien mit entsprechenden Versteckmöglichkeiten. Keinesfalls dürfen die Hälterungs- und Zuchtaquarien zu klein gewählt werden. Optimale Wasserverhältnisse und gute Filteranlagen sind Voraussetzungen für ein Wohlfühlen dieser Fische. Sehr gute Erfahrungen habe ich bei der Pflege und Zucht von Wildfängen mit alteingefahrenen Aquarien gemacht. Allerdings besaßen diese Aquarien auch eine Länge von 200 cm und die Wassermenge von rund 700 Litern in diesen Aquarien trug dazu bei, daß das biologische Gleichgewicht sehr gut war.
Wenn die Möglichkeit besteht, gleich mehrere Wildfänge zu erwerben, so sollten Sie dies tun und zuerst eine ausreichende Quarantänezeit von mehreren Wochen vorschalten, bevor Sie diese Fische zu ihren anderen Diskusfischen setzen. Prinzipiell ist es jedoch gut, Diskuswildfänge mit Nachzuchtfischen zu vergesellschaften. Sehr gute Zuchterfolge sind möglich, wenn zu einem Wildfangmännchen ein Nachzuchtweibchen gesetzt wird. Oft gelingt es, durch ein aktives Nachzuchtweibchen einen ausgesuchten Wildfangmann zum Ablaichen zu bewegen. Ein reines Wildfangpaar zur Nachzucht zu bringen, ist wesentlich schwieriger.
Der unkontrollierte Einsatz von Medikamenten bei Diskuswildfängen während der Quarantänezeit schadet unter Umständen mehr, was die spätere Zuchtmöglichkeit angeht. Es ist in jedem Fall günstiger, den Fischen optimale Wasserbedingungen ein hervorragendes Futter mit Vitaminzusätzen und vor allem Zeit zu geben, damit sie sich eingewöhnen können. Oft sind Diskuswildfänge vom Transport und der Hälterung in der Exportstation noch so geschädigt, daß es Monate dauern kann, bis sie wieder topfit sind. Auch Diskuswildfänge sind Schwarmfische und fühlen sich deshalb in Gesellschaft von mehreren Exemplaren wesentlich wohler. Je größer die Gruppe von Wildfängen ist, die in einem Aquarium gehalten wird, desto weniger kommt es auch zu Streitigkeiten. Es dürfte schwierig sein, in einem Gemeinschaftsaquarium ein Pärchen herauszufinden. Wenn Sie mehrere Diskuswildfänge besitzen, können Sie ja nach entsprechender Eingewöhnungs- und Beobachtungszeit einmal versuchsweise ein mögliches Pärchen in einem Extraaquarium zusammenzusetzen. Bei Wildfängen ist natürlich die Geschlechtserkennung noch schwieriger, doch können Sie vielleicht die Größe der Fische als Hilfestellung nehmen.
Diskuswildfänge reagieren auf Veränderungen im Aquarienwasser noch intensiver als Nachzuchttiere. Mit leichten Temperaturveränderungen oder pH-Wertschwankungen können Sie möglicherweise eine Eiablage in die Wege leiten. Gerade in der Natur kommt dieses Phänomen nämlich häufiger vor, wenn sich die allgemeine Wetterlage ändert. Auch spielt die Regenzeit eine Rolle bei dem natürlichen Ablaichzyklus. Auch aufkommende Tiefdruckwetterlagen können das Ablaichen sehr begünstigen.
Hat sich unter Ihren Diskuswildfängen ein Pärchen gebildet und beginnt dieses mit den Ablaichvorbereitungen, dann haben Sie wirklich großes Glück gehabt, denn die Nachzucht von Wildfängen ist schon auch etwas besonderes. Die Fische bekommen eine dunklere Farbe und deutlich werden die letzten vier Senkrechtstreifen sichtbar. Wie alle Diskusfische beginnen sie das Laichsubstrat, welches meist aus einer Tonvase besteht, zu putzen. Dabei schwimmen sie immer wieder an der ausgewählten Laichunterlage vorbei und putzen diese. Ab und zu geht ein starkes Rütteln durch den Fischkörper und dies ist ein weiteres untrügliches Zeichen, daß sich die Fische in Laichstimmung befinden. Ein Flossenzittern und ein gegenseitiges Anschwimmen gehört ebenfalls zum Vorspiel.
Alles sieht harmonisch aus und besonders bei Wildfängen scheint die Bindung zwischen dem Paar besonders stark zu sein. Manchmal kann die Laichvorbereitung Tage dauern, bis das Weibchen endlich mit dem Ablegen der Eier beginnt. Beim Laichen wird die große Legeröhre des Weibchens deutlich sichtbar und dies ist ein untrügliches Zeichen dafür, daß es sich um ein Weibchen handelt. Die Laichpapille des Männchens ist wesentlich kleiner und läuft spitz zu. Störungen sind unbedingt zu vermeiden, denn sonst kann es sein das die Fische den Laichvorgang abrechen und es mehrere Tage dauert, bis sie wieder beginnen.

Wildfangweibchen können beachtliche Gelegegrößen produzieren und 300 bis 400 Eier sind durchaus im Bereich des möglichen. Wichtig für ein Gelingen der Eientwicklung ist optimales Zuchtwasser, was bei Diskusfischen bedeutet, daß der Leitwert relativ gering sein muß. Hier sind Leitwerte unter 100 µs/cm schon sehr bedeutend. Nach dem Schlüpfen werden die Larven von den Eltern aus den Eiern gekaut, was Desinfektionsgründe hat. Die Larven werden an das Laichsubstrat gespuckt, wo sie mit Hilfe von Klebedrüsen die am Kopf sitzen, klebenbleiben. Jetzt hängen sie zappelnd und zitternd am Laichsubstrat und werden sehr aufmerksam von ihren Eltern bewacht. Bei Diskuswildfängen ist das Bewachen des Geleges und der Larven sehr stark ausgeprägt und hier unterscheiden sie sich manchmal schon sehr stark von Nachzuchttieren. Beginnen die Larven freizuschwimmen, werden sie immer wieder von den Eltern eingesammelt, was dann so aussieht, daß diese die flüchtenden Larven einfach mit dem Maul aufsaugen, durchkauen und zum Laichplatz zurückbringen, wo sie diese dann in den Pulk von Larven spucken. Immer aktiver werden die Larven und irgendwann ist es dann soweit, daß sie alle zu schwimmen beginnen und jetzt ist es wichtig, daß sie ihre Eltern finden. Die dunkel gefärbten Elterntiere haben so viel Nährschleim gebildet, daß die Larven unendlich viel zu Fressen haben. Die dunklen Fische werden von den Larven normalerweise sehr gut entdeckt und sofort und problemlos angeschwommen. Das Hautsekret, bzw. der Nährschleim auf den Eltern dient für die ersten Tage als wichtiges Alleinfutter. Wildfänge bilden auch regelmäßig mehr Nährschleim als dies bei manchen asiatischen Nachzuchtdiskus der Fall sein kann. Hier kommt eben der natürlich Trieb noch am stärksten zur Geltung.

Bei der Zucht von Diskuswildfängen ist viel von deren Kondition abhängig. Die Eingewöhnungszeit für Wildfänge ist teilweise sehr lang und kann viele Monate betragen. Laichen sie jedoch ab, ist dies ein schönes Erlebnis für den Züchter, denn ihr Verhalten ist viel natürlicher, als bei Nachzuchttieren.

Bei Wildfängen ist es ratsam, die Jungfische mindestens zwei besser drei oder vier Wochen mit den Eltern zusammen zu pflegen. So haben die Eltern die Möglichkeit ihren natürlich Trieb voll auszuleben. Selbst nach vier Wochen fressen die Jungfische noch Hautsekret von ihren Eltern. Bei großen Bruten ist jedoch darauf zu achten, daß die Elterntiere nicht unnötig verletzt werden. Eine kräftige Zufütterung und eventuell eine Trennung, falls erforderlich, ist deshalb äußerst wichtig.

Die Jungfische erfolgreich aufzuziehen, bedarf einer gewissenhaften Pflege, welche jedoch für ernsthafte Aquarianer eine Selbstverständlichkeit sein wird. Die erfolgreiche Aufzucht von Diskuswildfängen ist ein krönender Abschluß in der langen Kette von Fang, Transport und Unterbringung im Liebhaberaquarium.

Ist es möglich, Diskuswildfänge nachzuziehen?

Selbstverständlich ist es möglich Wildfänge nachzuziehen, denn damit hat schließlich einmal alles angefangen. Als in Deutschland in den 60er Jahren die ersten Diskuswildfänge in größerer Menge nachgezogen werden konnten, wurde der Grundstein für die deutsche Diskuszucht gelegt.

Ist die Zucht von Diskuswildfängen schwieriger, als die von Nachzuchtdiskus?

Die Zucht von Wildfängen ist deshalb schwieriger, weil Voraussetzung für die Diskuszucht, gesunde Diskus voraussetzt. Wildfänge brauchen einfach mehrere Monate, bis sie sich in das Aquarienleben eingewöhnt haben. Auch spielen Wetterbedingungen bei Wildfängen eine größere Rolle, als dies bei Nachzuchtdiskus der Fall ist.

Was kann ich tun, damit die Nachzucht mit Wildfängen besser klappt?

Als erstes ist den Wildfängen ein größeres Aquarium anzubieten und Sie sollten es vielleicht einmal versuchen, zwei Wildfangpärchen in einem Aquarium von mindestens 1,20 m Länge zusammenzuhältern. Oft ist es auch hilfreich, wenn ein Nachzuchtpaar zu einem Wildfangpaar dazugesetzt wird.

Können Wildfänge mit Nachzuchtdiskus verpaart werden?

Selbstverständlich, denn alle Diskusvarianten können untereinander gekreuzt werden. Gerade durch Nachzuchtweibchen lassen sich Wildfangmännchen zu einer erfolgreichen Nachzucht verleiten. Auf dieser Tatsache beruht auch der Erfolg vieler südostasiatischer Diskuszüchter, die einfach ein Wildfangtier mit einem Nachzuchttier verpaarten.

Ist für Diskuswildfänge eine längere Quarantäne einzuhalten?

Prinzipiell sollte für alle neu hinzugekauften Diskusfische eine Quarantänezeit eingehalten werden. Gerade in Bezug auf die Diskusseuche ist eine mehrwöchige Quarantäne unbedingt wichtig. Während der Quarantänezeit können sich Wildfangdiskus, die frisch importiert wurden, auch schnell regenerieren und an neues Futter gewöhnen. Voraussetzung ist jedoch, daß das Quarantäneaquarium entsprechend groß ist und auch einige Versteckplätze enthält.

Ist bei der Wasserzusammensetzung für Diskuswildfänge auf etwas besonderes zu achten?

Für die Hälterung von Diskuswildfängen gelten die gleichen Voraussetzungen wie für Nachzuchttiere, was die Wasserzusammensetzung angeht. Lediglich Heckel-Diskus bevorzugen sehr saures, weiches Wasser, was bedeutet, daß Heckel-Diskus in Aquarienwasser mit einem pH-Wert unter 6,0 gehalten werden sollen. Für die Zucht von Wildfängen muß die Leitfähigkeit des Wassers deutlich herabgesetzt werden, sodaß sehr weiches und leicht saures Wasser als Voraussetzung für eine erfolgreiche Wildfangnachzucht angesehen werden muß.

QUARANTÄNE

Um Krankheiten erst gar nicht aufkommen zu lassen, ist es unabdingar bei neu erworbenen Diskusfischen eine Quarantänezeit einzuplanen. Leider wird diese Quarantänebehandlung von den meisten Aquarianern vernachlässigt, bzw. gar nicht durchgeführt. Dies führt in der Praxis dann dazu, daß sich die Diskusfische untereinander mit Krankheiten infizieren.

Auch wenn neu erworbene Fische optisch gesund sind und aus einer gut gepflegten Diskusanlage stammen ist dennoch eine Quarantänebehandlung vorzusehen. Während des Transports neuer Diskusfische können diese leichte Verletzungen bekommen die jedoch ungefährlich sind und in der Regel nach einigen Tagen ausheilen. Schleimhautschäden können mit Methylenblau behandelt werden. Im Fachhandel gibt es Wasserzusätze mit Methylenblau oder Malachitgrün, die solche Verletzungen abheilen lassen. Sie können sich jedoch auch eine Stammlösung aus einem Gramm Methylenblau aus der Apotheke herstellen. Dazu lösen Sie dieses Gramm Methylenblau in einem Liter Wasser in einer Flasche auf und verwenden dann 30 ml dieser Stammlösung pro 100 Liter Quarantänewasser. Methylenblauzusatz im Aquarienwasser verhindert weitere Verpilzungen und Infektionen der Haut. Ein Ausfiltern des Methylenblaus ist mit Aktivkohle sehr einfach. Überhaupt sollten immer Medikamente herausgefiltert werden, bevor neue Medikamente im Quarantäneaquarium zum Einsatz kommen. Während der Quarantäne sind die Fische gut zu beobachten und es ist unbedingt darauf zu achten, daß alle Fische regelmäßig fressen. Fressen die Fische gut, ist auch ein Rückschluß auf ihre Gesundheit möglich, denn nur gesunde Fische fressen aktiv. Gerade bei Wildfängen kann es jedoch vorkommen, daß diese anfangs sehr schlecht fressen und deshalb müssen Sie ausgesuchtes Lieblingsfutter anbieten. Rote Mückenlarven haben sich hier als Erstfutter gut bewährt. Vielleicht besorgen Sie sich bei Ihrem Zoofachhändler einmal lebende rote Mückenlarven um Futterprobleme zu lösen.

Ist nach einer Woche das restliche Methylenblau aus dem Aquarienwasser völlig verschwunden, so wird als zweite Behandlung eine mit Malachitgrünoxolat durchgeführt. Malachitgrün ist ein starker Giftstoff und deshalb sollten Sie beim Hantieren immer Gummihandschuhe tragen. Malachitgrünoxalat erhalten Sie in der Apotheke und auch hier stellen Sie sich eine Stammlösung aus einem Gramm Malachitgrünoxolat und einem Liter Wasser her. Pro hundert Liter Aquarienwasser im Quarantäneaquarium werden 6 ml dieser Stammlösung zugegeben. Nach drei Tagen dosieren Sie mit der halben Dosis nach. Nach insgesamt sechs Tagen ist die Malachitgrünbehandlung beendet und Sie können es über Aktivkohle wieder herausfiltern.

Frisch erworbene Diskusfische müssen einer längeren Quarantäne unterzogen werden. Diese beiden Diskus sind nicht krank, sondern sie liegen in der Transportverpackung einfach flach, weil der Wasserstand entsprechend niedrig ist. Neuerworbene Fische müssen unbedingt in ein Quarantäneaquarium eingesetzt werden.

Diskusfische haben sehr oft Probleme mit Geißeltierchen und hier hilft aus der Humanmedizin Metronidazol sehr gut. Metronidazol ist verschreibungspflichtig und Sie müssen einen Tierarzt aufsuchen. Zur Behandlung von Diskusfischen werden auf 100 Liter Aquarienwasser 500 mg Metronidazol aufgelöst. Metronidazol gibt es als Reinsubstanz in der Apotheke oder in Tablettenform in verschreibungspflichtigen Medikamenten wie zum Beispiel „Clont" oder „Flagyl". Lösen Sie die zerstoßenen Tabletten oder das Metronidazolpulver in etwas lauwarmen Wasser auf und geben Sie diese Lösung dann in das Aquarium. Die Behandlung wird für drei Tage durchgeführt und anschließend wird ein

Auch Diskuswildfänge wie dieser grüne Wildfang sind einer längeren Quarantäne zu unterziehen, wobei sechs bis acht Wochen als durchaus normal zu betrachten sind. Während dieser Zeit können die Fische vorbeugend gegen die üblichen Krankheiten behandelt werden. So kommt es später beim Umsetzen nicht zu Krankheitsübertragungen und Ausfällen in der bestehenden Anlage.

Teilwasserwechsel vorgenommen und das restliche Medikament über Aktivkohle entfernt.
Untergasser beschreibt in seinen beiden Büchern „Gesunde Diskus und andere Cichlichen Band I und II" genauestens die Anwendung aller aktuellen Medikamente in der Fischmedizin. Beide Bände sind im bede-Verlag erschienen.
Oft werden Diskusfische auch von Kiemenwürmern geplagt und während einer Quarantänebehandlung können diese Kiemenwürmer auch gezielt bekämpft werden. Seit über zehn Jahren wird Flubendazol in der Aquaristik gegen Kiemenwürmer eingesetzt. 10 mg des Wirkstoffs Flubenol 5 %, der in verschiedenen Medikamenten vorkommt, werden für 100 Liter Wasser benötigt. Das Problem ist die Auflösung des Flubendazols, denn die Löslichkeit ist etwas kompliziert. Auch ist die Behandlung mit Flubendazol langwierig, denn Sie sollten sechsmal im Abstand von drei Tagen die Behandlung durchführen. Nach jeder Behandlung ist nach drei Tagen ein Teilwasserwechsel durchzuführen. Das Aquarienwasser muß immer gut durchlüftet werden und die Temperatur sollte während einer Kiemenwurmbehandlung auch nicht über 28 °C ansteigen. Wie bei allen Medikamenten sollte der Einsatz wohl überlegt werden, denn ein Medikamenteneinsatz stellt immer eine Belastung für die Fische dar. Ein altes Medikament für Diskusaquarianer ist Metrifonat, welches aber besser unter der Handelsbezeichnung „Masoten" und „Neguvon" bekannt ist. Allerdings werden diese Medikamente in erster Linie für die Teichwirtschaft produziert und sind deshalb nur in großen Gebinden erhältlich. Auch hier muß der Tierarzt eine Verschreibung vornehmen. Metrifonat ist sehr stark wirksam und belastet die Fische aufs äußerste. Allerdings ist die Wirkung sehr gut, wenn es sich um frische Medikamente, die nicht überlagert sein dürfen, handelt. Während der Behandlung mit Metrifonat ist es günstig, die Aquarientemperatur auf 25 °C abzusenken, denn dann überstehen die Fische die Behandlung besser. Nach drei Tagen wird ein Teilwasserwechsel durchgeführt und die restlichen Medikamente über Aktivkohle herausgefiltert. Die Dosierung besteht aus 50 mg Masoten auf 100 Liter Wasser. Während der viertägigen Behandlung können Sie jeweils täglich ein Viertel des Wassers erneuern und entsprechend nachdosieren. Beachten Sie bitte, daß viele Fischarten Masoten und Neguvon nicht vertragen und besonders Welse und Salmler sterben bei dieser Behandlung schnell. Diskusfische vertragen die Behandlung recht gut, verlieren aber für längere Zeit ihre schöne Farbe und auch die Augenfarbe verblaßt deutlich. Nach Absetzen des Medikamentes und einiger Zeit der Regenerierung kommt die Farbe jedoch zurück.
Die beste Behandlung von Krankheiten ist immer die Vorbeugung und deshalb müssen Sie auf die Wasserqualität Teilwasserwechsel, eine gute Filterung und eine optimale Fütterung größten Wert legen, denn dann beugen Sie den meisten Krankheiten schon erfolgreich zu. Überbesetzte Aquarien führen schnell zu Krankheitsausbrüchen. Versäumen Sie es aber keinesfalls, eine Quarantäne für neuerworbene Diskusfische einzuplanen.

10 wichtige Regeln

1. Die Diskus vor dem Kauf genau beobachten und auf Krankheitsmerkmale achten. Bei dunkel gefärbten, abgemagerten Fischen oder Flosseneinschmelzungen, Kopflöchern und weißen Kotfäden unbedingt die Finger davon lassen.
2. Neuzugänge mindestens sechs Wochen, besser noch länger, in Quarantäne beobachten.
3. Kein Kontakt vom Quarantäneaquarium mit den Zucht- oder Hälterungsaquarien herstellen.
4. Geräte und Fangnetze aus dem Quarantäneaquarium niemals in der Anlage benutzen. Hände und Arme nach dem Hantieren im Quarantäneaquarium gründlichst waschen oder desinfizieren.
5. Keine Pflanzen in das Aquarium bringen, die aus einem Aquarium mit Fischen stammen. Pflanzen müssen vorher desinfiziert werden.
6. Den Fischen immer gute Lebens- und Wasserbedingungen bieten.
7. Für ausgeglichene Ernährung sorgen.
8. Nur absolut gesunde Fische, die entsprechend im Quarantäneaquarium überwacht wurden, in die Zuchtanlage oder das Schauaquarium bringen.
9. Quarantäneaquarium nach jedem Einsatz gründlich desinfizieren.
10. Nehmen Sie sich für Ihre Fische regelmäßig Zeit, um diese zu beobachten, denn dann werden Sie schnell feststellen, ob sich Ihre Fische wohlfühlen, oder ob eine Krankheit im Anzug ist.

Ist es unbedingt erforderlich für Diskusfische eine Quarantäne einzuhalten?

Diese Frage ist ganz einfach mit Ja zu beantworten, denn es ist geradezu leichtsinnig, neue Diskusfische zu erwerben und zu dem vorhandenem Bestand zu setzen. Die Gefahr der Krankheitsübertragung ist einfach zu groß.

Soll während der Quarantänezeit vorbeugend gegen die verschiedensten Krankheiten behandelt werden?

Eine vorbeugende Behandlung mit Methylenblau ist in jedem Falle durchzuführen. Auch sollte bei wässrigem weißem Kot eine Metronidazolbehandlung durchgeführt werden.

Soll vorbeugend gegen Kiemenwürmer behandelt werden?

Beobachten Sie Ihre Fische genau und machen Sie gegebenenfalls einen Abstrich hinter den Kiemendeckeln, um Kiemenwürmer zu diagnostizieren. Ansonsten ist es gut möglich während der Quarantänebehandlung eine Kiemenwurmbekämpfung vorbeugend durchzuführen. Beachten Sie aber, daß viele Medikamente nur in Wasser mit maximal 28 °C durchgeführt werden sollten. Besser ist es, die Temperatur des Aquarienwassers auf etwa 26 °C während der Krankheitsbehandlung abzusenken. Dieses Temperaturabsenken verhindert chemische Reaktionen der Medikamente und eine Schädigung der Fische.

KRANKHEITEN

Um Krankheiten vorzubeugen, sind Regeln beim Kauf und bei der Diagnosestellung zu beachten. Wenn Sie Diskusfische vor dem Kauf genau beobachten, können Sie schon einige Krankheitssymptome erkennen und auf den Kauf dieser Fische dann verzichten. Kaufen Sie keinesfalls Diskusfische, die unnormal dunkel gefärbt oder schreckhaft sind. Abgemagerte Tiere sind ebenfalls vom Kauf auszuschließen. Bei Diskusfischen ist besonders auf Löcher im Kopfbereich zu achten, denn dies könnte auf eine Lochkrankheit hinweisen. Die echte Lochkrankheit ist sehr schwierig und langwierig zu bekämpfen und somit ist besonders für einen Neuling in der Diskuspflege Vorsicht angesagt. Manchmal ziehen Diskusfische einen langen, weißen, zähen Kotfaden hinter sich her. Wenn Sie so etwas beobachten, dann sollten Sie auch hier die Finger von diesem Diskus lassen.

Trotz aller Vorsichtsmaßnahmen kann es nun doch vorkommen, daß Ihre Diskusfische einmal erkranken, denn selbst die beste Pflege, kann nicht immer Krankheiten verhindern. Viele Krankheiten im Aquarium brechen erst durch die Unachtsamkeit des Pflegers aus. Krankheiten sind eigentlich immer in einem Aquarium vorhanden, doch ihr Ausbruch wird erst durch eine Veränderung im Aquarienmillieu ausgelöst. Meist ist es eine Verschlechterung der Wasserqualität die vorausgeht. Wenn die Fische kräftig genug sind und somit genug Abwehrkräfte besitzen, ist es kein großes Problem für diese, Krankheitserreger im Zaum zu halten. Giftstoffe im Wasser und falsche Wasserwerte ändern jedoch das Gleichgewicht zwischen Fischen und Erregern und plötzlich kommt es zu einem Krankheitsausbruch.

Der erfahrene Diskuspfleger kann mitunter eine Krankheit feststellen, wenn sich diese zu entwickeln beginnt. Er sieht schließlich seine Diskusfische täglich im gesunden Zustand. Es ist also schon bedeutend, sich mit seinen Fischen intensiv zu beschäftigen und diese gut zu beobachten. Das Stellen einer genauen Krankheitsdiagnose ist jedoch nicht ganz so einfach und oft wäre es günstig, wenn eine genaue Untersuchung mit Hilfe eines Mikroskops vorgenommen werden könnte.

Krankheiten beginnen mit einer Verhaltensveränderung der Fische. Ein plötzliches unnormales Verhalten deutet meist auf eine Krankheit hin. Auch die Färbung der Diskusfische gibt oft Aufschluß über ihr Wohlbefinden, bzw. eine mögliche Krankheit. Besonders das flächige Dunkelfärben bei Diskusfischen ist ein deutliches Warnzeichen. Selbstverständlich dürfen Sie die Fische aber nicht sofort vorbeugend mit Medikamenten belasten, wenn diese ihre Senkrechtstreifen zeigen. Wechselt die dunkle Färbung mit der Normalfärbung ab, so sind möglicherweise nur Kleinigkeiten die Auslöser für diese Farbveränderung. Überprüfen Sie dann die Wasserwerte und suchen Sie nach Störquellen außerhalb des Aquariums.

Flossenklemmen und das Zeigen der dunklen Senkrechtstreifen deutet oft auf Unwohlsein oder einen Parasitenbefall hin. In jedem Falle sollten solche Fische genau beobachtet und eventuell vorbeugend behandelt werden. Untergasser gibt in seinen beiden Büchern „Gesunde Diskus und Großcichliden Band I und II" genaue Ratschläge.

Auch kleine Diskusfische können selbstverständlich erkranken und oft werden ganze Bruten von einer Krankheit dahingerafft. Atmen kleinere vollgefressene Diskusfische sehr stark, so ist dies ein Resultat der starken Fütterung und nicht unbedingt von Kiemenwürmern. Selbst nur mehrere Tage alte Jungfische können schon von Kiemenwürmern befallen werden. Dies ist auch ein Grund, weshalb manche Züchter die Jungfische schon nach einer Lebenswoche von den Alttieren entfernen. Einer Krankheitsübertragung soll somit vorgebeugt werden.

Gezielte Medikamentenbehandlung sollten Sie nur nach einer genauen Diagnose durchführen, denn Medikamente belasten das Wasser und die Fische. Müssen Sie jedoch Medikamente einsetzen, so empfiehlt es sich, vor deren Einsatz einen Teilwasserwechsel von etwa einem Viertel des Aquarieninhalts durchzuführen. Auch eine Grobreinigung des Filtersubstrats ist empfehlenswert, wobei dieses jedoch nicht komplett gereinigt, bzw. ausgetauscht werden soll, so daß noch ein ausreichender Bakterienstamm im Filter vorhanden bleibt. Kontrollieren Sie alle Wasserwerte, die wichtig sind, wobei besonders der pH-Wert, die Temperatur und der-Nitrit- und Nitratwert kontrolliert werden sollten. Führen Sie Behandlungen mit Medikamenten immer dann durch, wenn Sie auch Zeit haben, öfters das Aquarium zu kontrollieren. Bei Medikamenteneinsatz kommt es nämlich manchmal zu dramatischen Wasserveränderungen und dann ist es vielleicht sehr wichtig, daß Sie schnell helfend eingreifen können. Es wäre also völlig fehlerhaft, morgens vor Arbeitsbeginn, ein Aquarium mit Medikamenten zu bestücken und dann das Haus zu verlassen. Verwenden Sie die Medikamente genau nach Mengenangabe und denken Sie auch daran, die Temperatur des Wassers eher zu reduzieren als zu erhöhen. Manchmal ist es auch wichtig, das Aquarium während eines Medikamenteneinsatzes stärker zu durchlüften und eventuell einen zusätzlichen Schnellfilter ins Aquarium zu setzen. Kommt es zu einer plötzlichen Wassertrübung durch Medikamenteneinsatz, dann müssen Sie einen Teilwasserwechsel vornehmen und gegebenenfalls Aktivkohle als Filtermaterial einsetzen. Ist die Behandlung abgeschlossen und der Medikamenteneinsatz beendet, muß wieder ein Teilwasserwechsel von mindestens einem Viertel des Aquarieninhalts durchgeführt werden. Eine zusätzliche Filterung über Aktivkohle hilft die Medikamentenreste zu entfernen. Auch sollten nicht mehrere Medikamte gleichzeitig in einem Aquarium angewendet werden, da es sonst zu unerwünschten Wechselwirkungen kommen könnte.

Methylenblau und Malachitgrünoxalat sind zwei Substanzen, die schon sehr lange in Pflegemitteln und Heilmitteln in der Aquaristik verwendet werden. Aus beiden Medikamenten können Sie sich Stammlösungen herstellen, die Sie dann bei Bedarf im Aquarium einsetzen können. Unter Stammlösung ist das Auffüllen mit Wasser auf einen Liter Gesamtmenge gemeint. Für Methylenblau verwenden Sie nur ein Gramm in einem Liter Stammlösung, welche Sie dann in einer lichtgeschützten Flasche aufbewahren können. Wichtig ist, daß Sie solche Stammlösungen immer genau beschriften, damit es nicht zu Unfällen kommen kann. Methylenblau - Stammlösung wird mit 100 ml pro 100 Liter Aquarienwasser eingesetzt. Für die Vorbeugung genügt auch der Einsatz von 50 ml Stammlösung auf 100 Liter Aquarienwasser. Methylenblau und auch Malachitgrünoxalat helfen sehr gut bei Erstinfektionen zum Beispiel nach einem Transport oder Verletzungen. Auch gegen die Laichverpilzung kann Methylenblau eingesetzt werden. Aus Malachitgrünoxalat stellen Sie sich ebenfalls eine Stammlösung mit einem Gramm Malachitgrünoxalat aus der Apotheke her. Bei kühler Lagerung ist diese Stammlösung etwa vier bis fünf Monate lang haltbar. Die Dosierung sieht hier jedoch etwas anders aus, als bei Methylenblau. Nur sechs bis acht Milliliter dieser Stammlösung werden auf 100 Liter Aquarienwasser benötigt. Es muß jedoch am dritten, sechsten, neunten und eventuell zwölften Tag mit der halben Dosierung nachdosiert werden. Für kleinere Fische ist diese Dosierung jedoch manchmal problematisch und es kann zu Todesfällen kommen. Mit diesen beiden Medikamenten müssen Sie in jedem Falle vorsichtig hantieren, denn erstens gibt es Flecken auf der Kleidung und zweitens ist gerade Malachitgrünoxalat auch giftig und krebserregend.

Metronidazol ist ein weiteres Medikament, welches schon seit vielen Jahren in der Aquaristik erfolgreich eingesetzt wird. Es stammt aus der Humanmedizin und hilft in der Aquaristik bei Diskusfischen gegen Darmflagellaten. Metronidazol kann sowohl in das Aquarienwasser, als auch in das Futter gegeben werden. Die Wirkung im Futter ist natürlich viel größer, jedoch fressen geschädigte Fische oft nicht mehr, so daß man das Medikament über das Aquarienwasser verabreichen muß.

Ein Klassiker unter den Aquarienmedikamenten ist Metrifonat, besser bekannt unter dem Namen Masoten und Neguvon. Gegen alle Ektoparasiten, im besonderen aber gegen Kiemenwürmer helfen diese beiden Klassiker. Wichtig ist, daß Sie beim Einsatz von Metrifonat die Wassertemperatur im Diskusaquarium auf etwa 25 °C absenken.

Bereits seit etwa 15 Jahren wird Flubenol 5 % mit Erfolg in der Aquaristik eingesetzt. Besonders gegen Würmer ist Flubenol 5 % aktiv. Ein Problem bei seiner Anwendung ist jedoch die Löslichkeit im Wasser. Untergasser hat hierzu eine größere Abhandlung in seinem Buch „Gesunde Diskus und andere Cichliden Band II" geschrieben. Über eine Dauer von drei Wochen mit insgesamt sechs Behandlungen im Abstand von drei Tagen wird es eingesetzt. Gegen bakterielle Infektionen ist Nifurpirinol und Nitrofurantoin sehr gut in der Wirkungsweise. Nifurpirinol gibt es als „Baktopur direct" im Aquaristikfachhandel. Es hat eine sehr gute Wirkung und die Dosierung ist sehr einfach. Nitrofurantoin wird in der Humanmedizin gegen bakterielle Infektionen verwendet. In der Apotheke ist es in Gelatinekapseln zu 100 mg erhältlich, wobei als Dosis eine Kapsel auf 40 Liter Aquarienwasser verwendet wird. Es ist günstiger, die Gelatinehülle der Kapsel zu entfernen und das gelbe Pulver in warmem Wasser anzulösen.

Antibiotika werden ebenfalls sehr häufig in der Aquaristik als Medikamente eingesetzt. Antibiotika besitzen ein breites Wirkungsspektrum und oft kommt es zu Resistenzen, da diese gerade in Südostasien in den Zuchtanlage zu oft und unkontrolliert eingesetzt werden. Zu beachten ist, daß beim Einsatz von Antibiotika auch die nützlichen Bakterien im Bodengrund und im Filter abgetötet werden. Es wäre deshalb günstiger, Antibiotika in Quarantäneaquarien einzusetzen. Ein altbekannte Antibiotika -Substanz ist Chloramphenicol. Chloramphenicol sollte nur in kleinen Behandlungsaquarien mit guter Durchlüftung eingesetzt werden. Hier handelt es sich dann um ein Dauerbad, welches unter Kontrolle auf etwa drei Tage ausgedehnt werden kann. Die Dosis beträgt laut Untergasser 20 mg der Reinsubstanz Chloramphenicol in einem Liter Behandlungswasser.

Tetracyclin findet als Antibiotikum ebenfalls schon lange in der Aquaristik Verwendung. Tetracyclin-Hydrochlorid wird mit einer Dosis von einem Gramm auf 100 Liter Wasser angewendet. Wichtig ist ein Herausfiltern des Medikaments durch Kohle nach spätestens drei Tagen. Auch hier werden Filterbakterien vernichtet oder geschädigt. Am günstigsten wird deshalb das Tetracyclin in dem Quarantäneaquarium angewendet.

Leider gibt es immer noch die hochinfektiöse Diskusseuche, deren Erreger immer noch nicht definitiv erforscht ist. Es wird immer wieder berichtet, daß schon einige Spritzer von Wasser aus dem Nachbaraquarium ausreichten, um die Krankheit zum Ausbruch zu bringen. Auch der Zukauf von optisch absolut gesunden Fischen, die dann sogar mehrere Wochen im Quarantäneaquarium verbrachten, löste noch eine Diskusseuche aus. Es scheint so, daß selbst Fische, die die Seuche einmal überstanden haben, noch nach Monaten andere Diskusfische anstecken können.

Diese schreckliche Diskuskrankheit kann damit beginnen, daß die Fische innerhalb zwei Tagen reagieren und unter Umständen innerhalb fünf Tagen sterben. Zuerst beginnt der Fisch übermäßig viel Schleim abzusondern und die Fische sehen schwarz und schleimig aus. Oft wird diese Krankheit auch durch eine Sekundärinfektion der Haut überdeckt und deshalb empfiehlt Untergasser, diese zuerst zu bekämpfen. Für die Erstbekämpfung werden auf 100 Liter Aquarienwasser 300 mg Trypaflavin und 5 mg Malachitgrünoxalat gelöst. So können alle Sekundärerreger auf der Hautoberfläche abgetötet werden. Wurde diese Erstbehandlung vorgenommen, sollten die Diskusfische in ein vorbereitetes Quarantäneaquarium umgesetzt werden. Die Temperatur ist auf 28 °C einzustellen, als Medikamente werden Nitrofurantoin und Neomycin eingesetzt. Beides sind verschreibungspflichtige Medikamente. Schildern Sie deshalb Ihrem Tierarzt die Situation und lassen Sie sich die Medikamente verschreiben. Nitrofurantoin gibt es von der Firma Ratiopharm in Packungen mit 50 Kapseln zu je 100 mg. Neomycin ist als lösliches Neomycinsulfat erhältlich. Auf 100 Liter Aquarienwasser werden zwei Gramm Neomycinsulfat gelöst und auf 40 Liter Wasser wird eine Kapsel mit 100 mg Nitrofurantoin zugegeben. Beide Medikamte sollten in einem Glas mit heißem Wasser vorgemischt werden. Bereits am zweiten Tage der Behandlung sollte eine deutliche Besserung der Fische auftreten. Wichtig ist auch die Wasserpflege und deshalb müssen Sie immer wieder Teilwasserwechsel vornehmen und nachdosieren. Nach fünf Tagen sollte die Behandlung mit den Medikamenten beendet sein. Wichtig ist bei der Diskusseuche immer eine gute Wasserpflege, damit es durch den Medikamenteneinsatz und die starken Schleimabsonderungen nicht zu einem Zusammenbruch des Filters und damit der Aquarienbiologie kommt. Auch kann gar nicht oft genug gesagt werden, daß die Diskusseuche sehr ansteckend ist und auch bei größter Vorsorge die Gefahr besteht, daß die Diskusseuche in alle Aquarien übertragen wird. Eine Nitritmessung ist wegen der abgetöteten Bakterien sehr wichtig.

Sind Diskus besonders krankheitsanfällige Fische?

Nein, nur merkt es der Liebhaber schneller bei Diskusfischen, als bei Aquarienfischen, wie z.B. Schwertträgern. Der Diskus ist sehr teuer, deshalb wird er von seinem Pfleger besser beobachtet. Kaum ein Aquarianer merkt es, wenn seine Schwertträger im Gemeinschaftsaquarium Darmnematoden haben.

Wie kann ich Krankheiten bei meinen Diskusfischen vermeiden?

1. Regelmäßig Teilwasserwechsel mit einwandfreiem Wasser!
2. Nur unbelastetes Futter verfüttern!
3. Wasserwerte kontrollieren!

Meine Diskusfische fressen nicht mehr. Woran liegt dies?

Das kann verschiedene Gründe haben. Eine Beurteilung, ohne die Fische gesehen zu haben ist sehr schwer.

Die Fische sind ganz dunkel und stehen in der Ecke. Was können sie haben?

Entweder Hautparasiten oder Darmparasiten, Giftstoffe, Reizstoffe und Wasser

Was kann ich da tun?

Nach Möglichkeit einen Hautabstrich machen, um festzustellen, ob auf der Haut Parasiten sind.

Was kann ich gegen diese Hautparasiten tun?

Im Zoofachhandel gibt es zahlreiche und gut wirkende Medikamente, die Methylenblau und Malachitgrünoxalat enthalten und problemlos anzuwenden sind.

Was ist zu tun, wenn es sich um Darmparasiten, wie Nematoden handelt?

In diesem Falle müßten die Fische mit Flubenol 5 % behandelt werden. Einschlägige Dosierungsanweisungen in Tabelle Seite 85.

Welches sind die häufigsten Krankheiten bei Diskusfischen?

Immer wieder wird angegeben, daß die Fische nicht mehr fressen. Wahrscheinlich handelt es sich dann um Parasitenbefall im Darm. Nochmals ist darauf hinzuweisen, daß eine Behandlung nur mit Zuhilfenahme eines guten Buches über Krankheiten möglich ist.

Wie verhält es sich mit der „neuen Diskusseuche"?

Innerhalb von zwei bis drei Tagen kommt es zum Ausbruch und spätestens nach fünf Tagen zum Tod der Fische. Oft wird eine Fehldiagnose wegen der Schleimbildung gemacht. Einfach zu behandelnde Hautkrankheiten wie Costia werden fälschlich als Diskusseuche angesehen.

Können Sie eine Behandlungsempfehlung gegen diese Diskusseuche geben?

Im Diskusjahrbuch 1988 wurde eine genaue Abhandlung über diese Krankheit veröffentlicht. Hier noch einmal die Behandlungsmethode: Pro 100 Litern Wasser werden zuerst zwei Gramm Neomycinsulfat in einem halben Liter Wasser gelöst. Danach werden pro 40 Liter Wasser 1 Kapsel Nitrofurantoin (100 mg) zugegeben. Diese Mischung wird geschüttelt und in das Aquarium gegossen. Am zweiten Tag sollte eine Besserung eintreten. Nach drei Tagen einen Teilwasserwechsel vornehmen. Eventuell entsprechend dem Wasserwechsel nur Nitrofurantoin nachdosieren. Diese Medikamente wirken nicht gegen Hautparasiten wie Costia. Diese Hautflagellaten müssen mit 300 mg Trypaflavin und 5 mg Malachitgrünoxalat pro 100 Liter Wasser behandelt werden.

Meine Diskusfische atmen schnell. Manchmal bleibt ein Kiemendeckel geschlossen. Kann es sich hier um Kiemenwürmer handeln?

Ja, die Anzeichen deuten darauf hin. Genaues kann nur ein Kiemenabstrich bringen. Kann auch durch Mikroorganismen im Wasser hervorgerufen werden.

Wie kann ich diesen Abstrich vornehmen?

Fisch herausfangen und etwa einen Zentimeter hinter dem Kiemendeckel am Körper einen Hautabstrich nehmen. Diesen unter dem Mikroskop untersuchen.

Wie kann ich Kiemenwürmer bekämpfen?

Laut Untergasser und auch der Herstellerfirma am besten mit Flubenol 5 %. 200 mg Flubenol 5 % werden in etwas warmem Wasser geschüttelt und in je 100 Liter Wasser gegossen. Sehr gute Medikamente gibt es auch im Zoofachhandel.

Muß diese Behandlung wiederholt werden?

Ja, und zwar muß Flubenol 5 % sechsmal hintereinander im Abstand von jeweils drei Tagen angewendet werden. Danach dürften die Kiemenwürmer stark reduziert sein.

Gibt es auch gefährliche Medikamente, die Diskusfische umbringen können?

Fast alle Medikamente sind gefährlich. Oft verketten sich ungünstige Umstände. Diese führen dann zum Tode. Vorsicht ist immer geboten. Sterben Fische durch Medikamentenanwendung, dann liegt die Ursache oft im Fehlverhalten des Pflegers. Jeder Fisch reagiert auch anders und jeder Fisch lebt in anderen Wasserverhältnissen.

Wie erhalte ich verschreibungspflichtige Medikamente?

Selbstverständlich nur vom Tierarzt. Gehen Sie zu ihm und bitten Sie um ein Rezept. Berufen Sie sich auf die einschlägige Literatur. Auch Fische müssen behandelt werden. Sicher kostet es Rezeptgebühr, aber das ist zu verschmerzen.

Symptom	Ursache	Behandlung
Hervorquellende Augen Glotzaugen	bakterielle Infektion, meist auch Wasserverschlechterung	Sofort Teilwasserwechsel 1 Tabelette Cotrim forte auf 100 l Wasser, nach 4 Tagen Teilwasserwechsel (50%). Tritt am zweiten Tag keine Besserung auf, mit 1/2 Dosis nachdosieren.
Hauttrübungen milchig-weiße Trübung, weiße Flecken	Costia oder Ichthyobodo necatrix	300 mg Trypaflavin und 5 mg Malachitgrünoxalat auf 100 l Wasser, 3 Tage (Stammlösung für größere Menge herstellen)
Würgen, schwere Atmung, nervöses Herumschießen im Aquarium	Kiemenwürmer	Flubenol 5 % 200 mg auf 100 l. Wasser. Sechsmal im Abstand von drei Tagen mit jeweiligem Teilwasserwechsel nachdosieren. Dauerbad in „Masoten", 50 mg auf 100 l. Behandlungsdauer vier Tage. Täglich 1/4 des Wassers erneuern und eine Vierteldosis „Masoten" nachdosieren. Nach vier Tagen Teilwasserwechsel und Kohlefilterung. Temperatur auf 25° C absenken.
Verweigerung der Futteraufnahme gallertartige Kotfaden	Fadenwürmer, Darmerkrankung	Flubenol 5 % 200 mg auf 100 l. Wasser. Sechsmal im Abstand von drei Tagen mit jeweiligem Teilwasserwechsel nachdosieren.
Schmutzig weißer, langer Kotfaden	Nematoden, Darmwürmer	Flubenol 5 % 200 mg auf 100 l. Wasser. Sechsmal im Abstand von drei Tagen mit jeweiligem Teilwasserwechsel nachdosieren.
Freßunlust, sehr dunkle Farbe, unnormales Verhalten, gallertartiger Kot, Lochkrankheit - weiße Masse tritt oberhalb der Augen Kraterartige Löcher in der Kopfregion.	Geißeltierchen = Hexamita, Protoopalina Spironucleus	Dauerbad mit „Clont", 2 Tabletten mit 250 mg Metronidazol auf 50 l Wasser oder Metronidazol als Reinsubstanz aus der Apotheke. Nach drei Tagen 50 % Wasser wechseln und gleiche Behandlung wiederholen. Möglichkeit der Gabe über Futtertabletten oder Spritze anwenden. Temperatur auf 33 °C erhöhen.
Hautkrankheiten Scheuern an Einrichtungsgegenständen	Bakterielle Hauterkrankungen	Im Fachhandel gibt es zahlreiche gute Medikamente, wie zum Beispiel Costapur oder Baktopur.
Weiße Gliederstücke am Boden	Bandwürmer	„Droncit" 3 Tabletten auf 100 Liter.

Diskuswildfänge

Als im Jahre 1921 die ersten lebenden Diskusfische nach Deutschland kamen, konnte wohl niemand erwarten, welchen Siegeszug diese tropischen Zierfische in unsere Heimaquarien antreten würden. Erst 1960 wurde durch Schultz der Braune Diskus - *Symphisodon aequifasciatius axelrodi* beschrieben und die Namensgebung zur Ehren von Dr. Herbert Axelrod ausgeführt. Damit begann der eigentliche Siegeszug der Diskuswildfänge, wobei sich der Export zuerst auf Braune Diskusfische beschränkte. Der Braune Diskus war der am meisten verbreitete Wildfangdiskus überhaupt. Da in den weiten Flußgebieten Amazoniens Diskusfische die Möglichkeit haben, während der Überschwemmungszeit ihre angestammten Heimatgewässer zu verlassen, ist eine Vermischung mit anderen Fundortformen unter den Diskusfischen jederzeit möglich. Durch die intensivere Befischung und weiterführende Fangexkursionen ist es möglich geworden, immer wieder neue Varianten zu entdecken. Die Wissenschaftler versuchen sich immer noch in einer Neubestimmung der Diskusfische, was jedoch nichts daran ändert, daß momentan für Diskusliebhaber immer noch vier Wildfangformen existieren. Neben den Braunen Diskusfischen sind dies die Grünen Diskus, die Blauen Diskus und die Heckel-Diskus mit dem typischen intensiven Mittelstreifen. Inzwischen ist durch clevere Exporteure oder vielleicht auch durch clevere Importeure die Namensvielfalt bei Diskuswildfängen weiter angewachsen. So neigt man heute dazu, immer wieder sogenannte neue Farbformen auf den Markt zu bringen, wobei dann in erster Linie Flüsse für die zusätzliche Namensgebung herhalten müssen. Ob man das Theater um diese Handelsbezeichnungen mitmachen soll, sei dahingestellt. Wichtig ist, daß Diskuswildfänge sehr imposante Fische sind und daß derjenige, der sich für diese Könige Amazoniens interessiert, voll auf seine Kosten kommen wird. Das Verhalten der Wildfänge ist einfach etwas interessanter und gerade ihr Brutverhalten zeigt noch etwas mehr Lebhaftigkeit, als dies bei Nachzuchtfischen der Fall sein kann. Die farblichen Übergänge zwischen den einzelnen Wildfangfarbschlägen ist fast fließend, jedoch kann man bei Braunen Diskus davon ausgehen, daß diese eine intensive grundbraune Körperfärbung besitzen und nur wenige blaue Linien am Kopf oder in der Bauchregion vorhanden sind. Bei Blauen Diskusfischen sollte die Anzahl der bläulichen Linierung schon wesentlich intensiver sein. Grüne Diskusfische fallen durch eine intensivere Grünfärbung, die teils sogar fast flächig erscheinen kann, auf. Auch gibt es gerade unter den Grünen Diskusfischen Exemplare mit zahlreichen roten Tupfen auf der Bauchseite. Die Heckel Diskus fallen sowieso von ihrem Erscheinungsbild deutlich aus der Rolle. Sie besitzen den typischen intensiven fünften Heckelstreifen und auch durch das Auge und die Schwanzwurzel verläuft je ein kräftigerer Streifen, als dies bei anderen Diskusfischen der Fall ist. die Heckel Diskus sind die sensibelsten unter den Wild-

Lassen sich Diskuswildfänge von Nachzuchtdiskusfischen unterscheiden?

Eigentlich schon, denn Diskuswildfänge zeigen nicht die knalligen Türkis- und Rot-Türkisfarben der Nachzuchttiere. Außerdem sind Diskuswildfänge in der Form etwas unterschiedlich zu Nachzuchten. So erscheinen bei Wildfängen die Flossensäume einfach kleiner, als dies bei Nachzuchten der Fall ist. Im Gegensatz dazu, erscheint die Körperfläche im Verhältnis zu den Flossen größer als bei Nachzuchttieren.

Kann man verschiedene Wildfangformen unterscheiden?

Klassisch wurden Diskuswildfänge in vier Farbschläge eingeteilt. Dies waren die Braunen, Blauen, Grünen und Heckel-Diskus. Heute sind jedoch viele Mischformen von Wildfängen im Handel, die dann auch mit neuen Fantasie- und Marketingnamen belegt wurden. Hierbei bedient man sich besonders gern der Zusatzbezeichnung eines Flusses, in dem die Fische angeblich gefangen wurden.

Worin unterscheidet sich ein Heckel-Diskus deutlich von anderen Wildfängen?

Der Heckel-Diskus besitzt drei stark ausgefärbte Senkrechtstreifen, wobei der fünfte Mittelstreifen besonders stark auffällt und diesen Fisch deutlich kennzeichnet. Heckel leben im Schwarzwassergebiet des Rio Negro und bevorzugen saures und weiches Wasser.

Die roten Punkte der grünen Wildfänge können durch Zufütterung von astaxanthinhaltigem Futter wie „Discus-Color" auf natürliche Weise verstärkt werden.

fängen, entschädigen aber ihren Besitzer durch ein besonders interessantes Verhalten. Sie stellen allerdings höhere Ansprüche an das Aquarienwasser, was aus der Zusammensetzung ihres Heimatgewässers resultiert. Sie leben im Rio Negro und seinen Nebenflüssen bei sehr niedrigen pH-Werten um 4,0. Sie mögen es also gar nicht, wenn man sie in Aquarien mit einem neutralen pH-Wert um 7,0 setzt.
In den hier gezeigten Abbildungen von Wildfangformen wird versucht, die einzelnen Farbunterschiede entsprechend herauszustellen, so daß Sie sich selbst ein Urteil bilden können.

Fast flächig grün ist dieser schöne Wildfang und von solchen Tieren wurden früher die Türkisvarianten herausgezüchtet. Auffallend ist die runde und bullige Körperform.

Auch in der Natur gibt es Mischformen bei den Wildfängen, denn jeder Wildfangdiskus kann sich mit einem anderen Diskus paaren.

Grüne Wildfangvarianten gibt es auch mit zahlreichen roten Punkten und diese Fische sind besonders gesucht. Allerdings sind die Preise für solche Wildfänge in den letzten Jahren stark angestiegen.

Bei dieser Heckelvariante war sicherlich ein blauer Diskus mitbeteiligt. Es handelt sich hier tatsächlich um ein Wildfangexemplar.

DISKUSFARBSCHÄGE

Von keinem anderen Zierfisch gibt es in der Aquaristik soviele verschiedene Farbschläge wie vom Diskus. Dies liegt jedoch daran, daß hier unter Farbschlägen die Handelsbezeichnungen zu verstehen sind. Eigentlich sind diese Farbbezeichnungen keine typischen Farbschläge, sondern mehr oder weniger Marketingnamen. Allerdings haben sich viele von ihnen besonders in Südostasien durchgesetzt. Teilweise wurden im Laufe der Zeit diese Handelsbezeichnungen dann auch in Europa übernommen.

Farbbezeichnungen für Diskusfische zu kreieren, entstand schon in den Anfängen der Diskuszucht, als es bekannten Diskuszüchtern gelang, besonders aus Grünen Wildfängen Diskusfische mit kräftigen Türkisfarben nachzuzüchten. Schnell wurde der Begriff Türkis-Diskus „erfunden" und den zusätzlichen Farbbezeichnungen wurde Tür und Tor geöffnet. Bald gab es flächig blaue Diskus oder Cobaltblaue Diskus oder Rottürkis Diskus und so ging es dann immer weiter. Die Farbbezeichnungen waren schnell ausgereizt und so mußten neue Namen her. Aus Malaysia kam dann plötzlich eines Tages der Geister Diskus, dem man dann eines Tages goldene Flecken auf den Kopf züchtete und ihn dann „Golden Ghost" nannte. Der Fantasie waren plötzlich keine Grenzen mehr gesetzt und in Verbindung mit erbfesten Farbstämmen entstanden dann Namen wie Pigeon Blood Diskus, Snake Skin Diskus oder Marlboro Red Diskus. Durch die Einkreuzung von Tefé-Wildfängen gelang es auch, diese Diskusfarbschläge zusätzlich mit roten Punkten zu versehen und somit konnten Red Spotted Diskus in allen Variationen ergänzt werden. Aus Braunen Diskuswildfängen ließen sich sehr schön durch Kombination mit Marlboro Diskus eines Tages goldfarbene Diskusfische züchten, die schnell den Namen Golden Diskus belegten. Man darf nicht unterschätzen, daß von diesen Farbschlägen oder Farbvarianten jährlich zigtausende von Jungfischen gezüchtet werden. Es handelt sich also durchaus um wirtschaftlich bedeutende Zuchtformen und somit scheint aus Marketingsicht eine Namensgebung schon gerechtfertigt zu sein. Für den Liebhaber ist es selbstverständlich sehr schwierig, aufgrund eines Fantasienamens einen Diskusfisch zu kaufen. Die Möglichkeit, eine Enttäuschung zu erleben, wenn man sich zum Beispiel einen Golden Snake Skin Diskus bestellt, ist sehr groß. In jedem Falle wäre es besser, sich die Fische beim Verkäufer selbst anzusehen und dann zu entscheiden, ob das wirklich die Fische sind, die man kaufen möchte. In Europa ist man noch etwas zurückhaltender mit der Pflege von asiatischen Farbvarianten, jedoch gelangen in den letzten Jahren immer mehr Zuchtvarianten asiatischer Herkunft auf den europäischen Markt. Die asiatischen Fisch zeichnen sich durch größere Robustheit und teilweise sehr interessante Farben aus. Im Discus-Atlas werden 14 Farbgruppen eingeteilt. Diese 14 Gruppen sind:

1. Brauner Diskus	**8. Cobaltblau Diskus**
2. Grüner Diskus	**9. Cobaltgrün Diskus**
3. Heckel Diskus	**10. Hybride Grün**
4. Blauer Diskus	**11. Hybride Braun**
5. Wildfangkreuzungen	**12. Hybride Blau**
6. Türkis Diskus	**13. Hybride Rot**
7. Rottürkis Diskus	**14. Hybride-Kreuzungen**

Im Discus-Atlas wird versucht, den Weltstandard der Diskusfische aufzuzeigen und ein übersichtliches Nummerierungssystem einzuführen. Da jeder Diskus eine eigene Nummer bekam, ist es den Liebhabern und Händlern in aller Welt möglich, anhand dieser Nummer und der Fotografie über bestimmte Diskusfarben zu sprechen.

Neben Diskuswildfängen, wie hier rechts auf dem Bild, gibt es inzwischen zahllose Kreuzungsvarianten, deren wichtigste Farbformen hier aufgezeigt werden. Alle gängigen Farbvarianten sind im „Discus-Atlas" aus dem bede-Verlag abgebildet und erklärt.

Türkis-Diskus

Türkis-Diskus

Rottürkis-Diskus

Cobaltblau Diskus

Cobaltgrün Diskus

Hybride Grün Diskus

Hybride Braun Diskus

Hybridkreuzungen

Hybride Blau Diskus

Hybride Rot Diskus

VERGESELLSCHAFTUNG

Werden Diskusfische in einem typischen Zuchtaquarium ohne Bodengrund gehältert, dann macht es wenig Sinn, sie mit anderen Fischarten zu vergesellschaften. Auch Diskushälterungsaquarien, denen normalerweise ja auch der Bodengrund fehlt, sind nicht geeignet, andere Zierfische zu den Diskusfischen zu setzen. Bleibt also nur das Diskusschauaquarium mit Bodengrund, Wurzeln und schönen Aquarienpflanzen. Wenn Sie sich also ein solches Aquarium einrichten, dann werden Sie wohl noch etwas Platz für andere farbenprächtige Aquarienbewohner haben, bzw. Sie wollen dann vielleicht unbedingt noch andere Fische mit Ihren Diskusfischen vergesellschaften. Selbstverständlich ist dies möglich und gerade aus der Gruppe der Salmler aus Südamerika lassen sich viele geeignete Mitbewohner finden. Zu berücksichtigen ist jedoch, daß Salmler meist Schwarmfische sind und Sie dann, je nach Größe der Fische, schon einen Schwarm von 10 bis 30 Fischen erwerben sollten. Denken Sie nur einmal an die typischen Neonsalmler,

In Diskusgesellschaftsaquarien können sehr gut Panzerwelse gehalten werden, die sehr friedfertig sind. Auch sie mögen wie die Diskusfische gerne feinen Bodengrund, am liebsten sogar Sandboden. Auf diesem Bodengrund werden ihre Barteln nicht verletzt.

Auch die verschiedenen Salmlerarten lassen sich sehr gut mit Diskusfischen vergesellschaften und diese farbenprächtigen kleinen und friedlichen Fische bringen so manchen Farbtupfer in ein eingerichtetes Pflanzenaquarium. Wenngleich Diskusfische auch nicht in der Natur in wahren Pflanzenparadiesen leben, so ist es doch durchaus akzeptabel, ihnen im Aquarium, Aquarienpflanzen beizuordnen.

die erst in einem großen Schwarm besonders attraktiv aussehen.

Immer wieder taucht die Frage nach Vergesellschaftung mit Skalaren auf. Im Prinzip ist der Skalar kein guter Partner für den Diskus, denn der Grund liegt einfach am gierigen Freßverhalten der Skalare, welches den Diskusfischen nicht so eigen ist. Dies bedeutet in der Aquarienpraxis daß die Skalare den Diskusfischen das beste Futter vor der Nase wegfressen werden und die Diskusfische schnell ins Hintertreffen geraten. Diskusfische sind einfach ruhige Fresser und müssen deshalb mit entsprechend friedlichen Fischen vergesellschaftet werden. Selbstverständlich ist es reizvoll, einmal große Skalare mit Diskusfischen zu vergesellschaften, jedoch müssen Sie sich als Pfleger schon intensiv darum kümmern, daß es mit der Verpflegung auch klappt. Sie müssen sich schon einfallen lassen, wie Sie garantieren können, daß die Diskusfische an genügend Futter kommen. Skalare gehören ebenfalls zu den Cichliden und sind auch revierbildend, was dann in der Aquarienpraxis bedeuten kann, daß sie mit dem Ablaichen beginnen und auch größere Diskusfische aus ihrem Revier verdrängen. Eine Vergesellschaftung von Diskusfischen mit größeren Cichliden ist also nur in einem großen Aquarium überhaupt möglich.

Zwergcichliden sind schon eher Partner für den Diskus, denn sie bleiben relativ klein und sind meist sehr friedlich. Sie bringen die Diskusfische nicht in Bedrängnis und besonders der Schmetterlingsbuntbarsch ist sehr attraktiv und als Mitbewohner gut geeignet. In einem Diskusschauaquarium mit mindestens 300 Litern Wasserinhalt können Sie ohne Weiteres zwei oder drei Pärchen Zwergcichliden einsetzen.

Friedliche Welse sind als Beifische für Diskusaquarien empfehlenswert. Besonders die kleinbleibenden *Corydoras*-Panzerwelse eignen sich hervorragend, jedoch muß der Bodengrund im Aquarium entsprechend fein gewählt werden, damit sich diese Welse ihre Barteln nicht verletzen. Diese friedlichen Welse fressen den Diskusfischen nicht gierig das Futter weg, sondern sie begnügen sich mit den Futtermengen, die sie auf den Boden finden. Allerdings sollte man nicht den Denkfehler machen, Panzerwelse als ausschließliche Restevertilger zu sehen. Unermüdlich durchstöbern sie das Aquarium

Dürfen andere Fische mit Diskusfischen zusammengepflegt werden?

In typischen Diskushälterungsaquarien sollten mit Ausnahme von geeigneten Welsen keine anderen Fische zusammen mit Diskusfischen gepflegt werden. Im Pflanzenaquarium kann man von dieser Regel abweichen.

Welche Fische können zusammen mit Diskusfischen im Pflanzenaquarium gepflegt werden?

Voraussetzung für eine gemeinsame Pflege ist immer, daß nur gesunde Fische zu Diskusfischen gesetzt werden. Eine Krankheitsübertragung ist immer möglich. Fische die im Heimatbiotop der Diskusfische leben können, mit einiger Einschränkung, zusammen mit Diskusfischen gepflegt werden. Dies wären zum Einen die große Gruppe der Salmler, die ja meist friedliche Schwarmfische sind und auch die friedlichen Panzerwelse, von denen einige Arten ganz gut die hohe Temperatur im Diskusaquarium vertragen. Auch friedliche Loricariiden können zusammen mit Diskusfischen gepflegt werden, was auch auf einige friedliche Zwergbuntbarsche zutrifft. Wichtig ist jedoch die Beschränkung, damit ein solches Aquarium nicht überbevölkert wird.

Was ist bei der gemeinsamen Pflege mit anderen Fischen zu beachten?

Ganz wichtig ist, daß die Diskusfische keine zu große Anzahl an Futterkonkurrenten bekommen, denn sie sind ja langsame und fast gemütliche Fresser, die eventuell dann bei erheblicher Nahrungskonkurrenz zu kurz kommen können.

Können Skalare zusammen mit Diskusfischen gepflegt werden?

Prinzipiell kann man diese Frage mit ja beantworten, wenn man berücksichtigt, daß die Skalare eine Quarantänebehandlung durchlaufen sollten, bevor sie zusammen mit Diskusfischen gepflegt werden. Auch sind Skalare sehr schnelle aggressive Fresser, was unbedingt zu berücksichtigen ist.

Auch die verschiedenen Skalararten können mit Diskusfischen bei entsprechender Vorsicht vergesellschaftet werden. Achten Sie hier vor allem darauf, daß die Skalare gesund sind und vielleicht ist es auch besonders günstig, halbwüchsige Skalare einzusetzen, so daß sich diese mit den Diskusfische besser vertragen und sich gut eingewöhnen. Sind die Diskusfische ausgewachsen und die Skalare halbwüchsig, so ist dies sicherlich eine ideale Kombination, denn so hat der Diskus Zeit, sich an diese Mitbewohner zu gewöhnen.
Foto: Aqualife Taiwan

und sorgen so aber ganz nebenbei für die Sauberhaltung des Bodengrundes von Futterresten. Panzerwelse gibt es in großer Vielzahl in allen Zoofachhandlungen mit einer Zierfischabteilung und hier können Sie sich wirklich die Fische nach Ihrem Geschmack aussuchen, denn alle *Corydoras* sind im Prinzip gleich gut als Beifische geeignet. Panzerwelse lieben es ebenfalls, in kleinen Gruppen zusammengehalten zu werden, und dies sollten Sie beim Kauf berücksichtigen.

Auch die sogenannten *Ancistrus*-Welse sind gute Algenvertilger und sie halten die Aquarienscheiben frei von Algen. *Ancistrus*-Welse sind in Futtertabletten richtig verliebt und man kann sie tagsüber am besten beobachten, wenn man ihnen eine Futtertablette zum Abknabbern anbietet. Größerwerdende Welse sind zwar meist friedlich, aber durch ihre Nachtaktivität nicht geeignet für ein Diskusaquarium, denn sie stören durch ihr nächtliches Umherziehen die Diskusfische zu sehr. Wenn Sie also aus der Vielzahl der friedlichen Salmler, aus den kleinbleibenden Panzerwelsen und den farbenprächtigen Zwergcichliden jeweils einige auswählen und zu Ihren Diskusfischen setzen, dann haben Sie einige schöne Farbtupfer in das Aquarium gebracht, ohne Ihre Diskusfische einzuschränken oder zu stören.

Auch Zwergbuntbarsche sind ideale Partner in einem Diskusaquarium, wenn sie eine vorherige Quarantäne durchlaufen haben. Diese friedlichen Cichliden laichen sogar im Aquarium und ziehen vielleicht auch ihre Brut groß.

Weitere Cichliden-Literatur

DISCUS-ATLAS

BERND DEGEN

Dieser Atlas schafft für Diskusliebhaber auf der ganzen Welt die Möglichkeit in einem einheitlichen Klassifizierungssystem miteinander über Diskusfische zu kommunizieren. Das neue System erleichtert das schnelle Auffinden spezieller Farbvarianten. Durch die zweisprachig erscheinende deutsch/-englische Ausgabe wird dieser Discus-Atlas zum weltweiten Standardwerk für Diskusliebhaber werden.

ISBN 3-927 997-56-0 **DM 98.-**

DAS DISKUSBUCH

BERND DEGEN

Ein umfassendes Werk und ein würdiger Nachfolger für „Das große deutsche Diskusbuch". Nach dem Riesenerfolg des Buches, das in sieben Weltsprachen übersetzt wurde, ist es an der Zeit gewesen, das Buch zu überarbeiten und neu zu gestalten. Es wurde „Das Diskusbuch" daraus.
Auf 128 Seiten wird Ihnen auf eindrucksvolle Weise Sicherheit gegeben, Ihre Lieblinge auch richtig zu pflegen.

ISBN 3-927 997-58-7 **DM 58,-**

RATGEBER
DER DISKUS IM SCHAUAQUARIUM

BERND DEGEN

Jeder Diskusliebhaber möchte seine majestätischen Fische gerne in einem Pflanzenaquarium pflegen. Daß dies gar nicht so schwer ist, zeigen wir Ihnen hier auf 80 Seiten in Wort und Bild. Leicht verständlich erklärt der erfahrene Diskuszüchter hier die einzelnen Schritte, die zur Einrichtung eines Diskusschauaquariums notwendig sind.

ISBN 3-931 792-11-0 **DM 29,80**